# ସେବାର୍ପିତ ସବ୍ୟସାଚୀ

# ସେବାର୍ପିତ ସବ୍ୟସାଚୀ

ଦିବାକର ମିଶ୍ର

ବ୍ଲାକ୍ ଈଗଲ୍ ବୁକ୍ସ
ଭୁବନେଶ୍ୱର, ଓଡ଼ିଶା

**BLACK EAGLE BOOKS**
Dublin, USA

**ସେବାର୍ପିତ ସବ୍ୟସାଚୀ / ଦିବାକର ମିଶ୍ର**

**ବ୍ଲାକ୍ ଈଗଲ୍ ବୁକ୍ସ : ଭୁବନେଶ୍ୱର, ଓଡ଼ିଶା • ଡବଲିନ୍, ଯୁକ୍ତରାଷ୍ଟ୍ର ଆମେରିକା**

BLACK EAGLE BOOKS

USA address:
7464 Wisdom Lane
Dublin, OH 43016

India address:
E/312, Trident Galaxy, Kalinga Nagar,
Bhubaneswar-751003, Odisha, India

E-mail: info@blackeaglebooks.org
Website: www.blackeaglebooks.org

First International Edition Published by
BLACK EAGLE BOOKS, 2025

**SEBARPITA SABYASACHI**
by **Dibakar Mishra**
'Manaswi', Arunodaya Nagar, Cuttack-753012
Cell: 9040097007

Copyright © **Dibakar Mishra**

All rights reserved. No part of this publication may be reproduced, stored in a retrieval system, or transmitted, in any form or by any means, electronic, mechanical, photocopying, recording or otherwise without the prior permission of the publisher.

Cover & Interior Design: Ezy's Publication

ISBN- 978-1-64560-718-2 (Paperback)

Printed in the United States of America

BARCELONA
FACE SHIELD
PROTECTIVE ISOLATION MASK
Gardens By
The
Bay
Singapore

# ପ୍ରାକ୍ କଥନ

ଲୋକପ୍ରିୟ ସିନେ ତାରକା ଶ୍ରୀ ସବ୍ୟସାଚୀ ମିଶ୍ର ସମ୍ପ୍ରତି ଜଣେ ସମାଜସେବୀର ଅଗ୍ରଣୀ ଭୂମିକା ଗ୍ରହଣ କରିଛନ୍ତି। କୋଭିଡ୍ ମହାମାରୀ ସମୟରେ ସେ ବହୁ ପ୍ରବାସୀ ଓଡ଼ିଆଙ୍କୁ ଘର ବାହୁଡ଼ାରେ ସାହାଯ୍ୟ କରି ଲୋକଲୋଚନକୁ ଆସିଥିଲେ। ତାଙ୍କର ଏହି ସେବା ମନୋଭାବକୁ ଲକ୍ଷ୍ୟକରି ବିଭିନ୍ନ ପ୍ରକାର ଦୁଃଖ କଷ୍ଟ ଭୋଗ କରୁଥିବା ବହୁ ଲୋକ ତାଙ୍କର ସାହାଯ୍ୟପ୍ରାର୍ଥୀ ହୋଇଛନ୍ତି। ସେ କାହାରିକୁ ନିରାଶ କରି ନାହାନ୍ତି। ସେଥିପାଇଁ ବିବିଧ ପରିସ୍ଥିତିରେ ତାଙ୍କର ସମ୍ପୃକ୍ତି ସମାଜ ସେବାର ଭିନ୍ନ ଭିନ୍ନ ଦିଗ ଓ ବହୁ ସଂଖ୍ୟକ ଘଟଣାର ଉନ୍ମୋଚନ କରିଛି। ତଦ୍‌ଜନିତ ଘଟଣା ଗୁଡ଼ିକ ଏହି ପୁସ୍ତକରେ ସନ୍ନିବିଷ୍ଟ। ସେଗୁଡ଼ିକରେ ରହିଛି କାରୁଣ୍ୟ, ବିଷାଦ, ଦୁଃଖ ଓ ଯନ୍ତ୍ରଣା ଏବଂ ସେଥିରୁ ଉଦ୍ଧାର ପାଇବାର ଆନନ୍ଦ। ସତ୍ୟ ଘଟଣା ଆଧାରିତ ବାସ୍ତବଧର୍ମୀ ବର୍ଣ୍ଣନରେ ଏ ସଙ୍କଳନରେ ପାଠକଙ୍କ ପାଇଁ ରହିଛି ଏକ ନୂଆ ସ୍ୱାଦ, ଏକ ନୂଆ ଇଲାକାରେ ଯାତ୍ରାନୁଭୂତି। ଏହାର ପଠନ ଦ୍ୱାରା ପାଠକମାନେ ମହତ୍ କାର୍ଯ୍ୟ ସମ୍ପାଦନ ପାଇଁ ଅନୁପ୍ରାଣିତ ହେବେ ବୋଲି ଆଶା।

ଉକ୍ତ ଘଟଣାଗୁଡ଼ିକ ମୁଁ ସବ୍ୟସାଚୀଙ୍କଠାରୁ ସଂଗ୍ରହ କରିଛି। ତାଙ୍କର ସହଯୋଗ ପାଇଁ ସେ ଧନ୍ୟବାଦ ଓ ଆଶୀର୍ବାଦର ପାତ୍ର। ସେବା ପଥରେ ତାଙ୍କର ଯାତ୍ରା ଅଧିକ ବିଜୟମଣ୍ଡିତ ହେଉ। କହିବା ବାହୁଲ୍ୟ, ଏହି ପୁସ୍ତକ ରଚନାରେ ମୋର ପତ୍ନୀ ସାହିତ୍ୟାନୁରାଗୀ ଶ୍ରୀମତୀ ଦେବଲକ୍ଷ୍ମୀ ମିଶ୍ରଙ୍କ ସାହାଯ୍ୟ, ସହଯୋଗ ଉଲ୍ଲେଖନୀୟ। ମୋର ଜ୍ୟେଷ୍ଠପୁତ୍ର ଡକ୍ଟର ଚିତ୍ତରଞ୍ଜନ ମିଶ୍ର ପାଣ୍ଡୁଲିପିଟି ପାଠକରି ମାର୍ଜିତ କରିଥିବାରୁ ତାଙ୍କୁ ମୋର ଶୁଭାଶିଷ। ତତ୍ ସହିତ ପୁସ୍ତକଟି ପ୍ରକାଶ କରିବା ପାଇଁ ଆଗ୍ରହ ପ୍ରକାଶ କରିଥିବାରୁ ବିଶିଷ୍ଟ ପ୍ରକାଶନ ସଂସ୍ଥା 'ବ୍ଲାକ୍ ଇଗଲ୍ ବୁକ୍‌ସ'ର ନିର୍ଦ୍ଦେଶକ ଶ୍ରୀ ସତ୍ୟ ପଟ୍ଟନାୟକଙ୍କୁ ଗଭୀର କୃତଜ୍ଞତା ଜଣାଉଛି।

**– ଦିବାକର ମିଶ୍ର**

# ସୂଚୀପତ୍ର

| | |
|---|---|
| ସବ୍ୟସାଚୀଙ୍କ ସଂକ୍ଷିପ୍ତ ପରିଚୟ | ୧୧ |
| ସଙ୍କଟର ସହୃଦୟ: କୋଭିଡ଼୍ କାଳର କେତୋଟି କଥା | ୧୨ |
| ଲକ୍ ଡାଉନ ପାଗଳ | ୨୧ |
| ଭୋକିଲା ମୁଖରେ ଆହାର | ୨୪ |
| ସ୍ମାଇଲ୍ ଫୋର୍ସ (ହାସ୍ୟ ବାହିନୀ) | ୨୮ |
| ମେଡିସିନ୍ ଡେଲିଭରି ଗ୍ରୁପ୍ | ୨୯ |
| ଅକ୍ସିଜେନ ଆଶ୍ରୟ ସ୍ଥଳ | ୩୧ |
| ଟେଲି ମେଡ଼ିସିନ୍ ଗ୍ରୁପ୍ | ୩୨ |
| ଯାତ୍ରା ମଧ୍ୟରେ ବସ୍ ଚାଳକର ମୃତ୍ୟୁ | ୩୬ |
| ଦୁର୍ଦ୍ଦିନର ସାଥୀ ସବ୍ୟସାଚୀ | ୩୮ |
| ମା' ଓ ପତ୍ନୀଙ୍କ ଆକୁଳ କ୍ରନ୍ଦନ | ୩୯ |
| ଉତ୍ତର ବୟସ ଦାମ୍ପତ୍ୟର ବିଚ୍ଛେଦ ଓ ମିଳନ କାହାଣୀ | ୪୨ |
| ଶତ୍ରୁ ଶିବିରରୁ ଉଦ୍ଧାର: ଏକ ରୋମାଞ୍ଚକର କାହାଣୀ | ୪୪ |
| ସବ୍ୟସାଚୀ ମୋ ପାଇଁ ଜଗା (ଜଗନ୍ନାଥ) | ୪୯ |
| ଅବସାଦ ଅପସରି ଗଲା | ୫୨ |
| ଦୁବାଇରେ ପ୍ରବାସୀ ଓଡ଼ିଆ | ୫୪ |
| ଅଚଳ ହାତ ସଚଳ ହେଲା | ୫୭ |
| ବିରୂପ ଶିଶୁର ସ୍ୱରୂପ ଲାଭ | ୫୯ |
| ବିଦ୍ୟୁଲତା ଦେଈଙ୍କ ଦୀପ | ୬୨ |
| ନାକ ଉପରେ ଆବୁ | ୬୫ |
| ସବ୍ୟସାଚୀ କ୍ୟାଣ୍ଟିନ୍ | ୬୭ |
| ଦୁବାଇର ଦ୍ୱିତୀୟ ପ୍ରବାସୀ ଓଡ଼ିଆ ଦଳ | ୬୯ |
| ଭିନ୍ନକ୍ଷମଙ୍କ ଚମତ୍କାରିତା | ୭୧ |
| ନୀଳାଚଳରୁ ହିମାଚଳ ! ସବ୍ୟସାଚୀଙ୍କ ଆଧ୍ୟାତ୍ମିକ ଅଭିଯାତ୍ରା | ୭୪ |
| ସବ୍ୟସାଚୀ ମିଶ୍ରଙ୍କ ବିଷୟରେ ଅଧିକ ଦୁଇପଦ | ୮୩ |

# ସବ୍ୟସାଚୀଙ୍କ ସଂକ୍ଷିପ୍ତ ପରିଚୟ

ସବ୍ୟସାଚୀ ମିଶ୍ର ନାମଟି ଓଡ଼ିଶାରେ ବେଶ୍ ପରିଚିତ। କାରଣ ସେ ଓଡ଼ିଆ ଚଳଚ୍ଚିତ୍ର ଜଗତର ଜଣେ ଖ୍ୟାତନାମା ନାୟକ। କେବଳ ଓଡ଼ିଆ ଚଳଚ୍ଚିତ୍ର ନୁହେଁ, ତେଲୁଗୁ, ତାମିଲ୍ ଓ ବଙ୍ଗଳା ଚଳଚ୍ଚିତ୍ରମାନଙ୍କରେ ମଧ୍ୟ ସେ ନାୟକ ଭୂମିକାରେ ଅବତୀର୍ଣ୍ଣ ହୋଇଛନ୍ତି। ଅଭିନୟ କଳା ବ୍ୟତୀତ ତାଙ୍କ ମଧ୍ୟରେ ଲୁଚି ରହିଥିଲା ଅନ୍ୟ ଏକ ମହତ୍ ଗୁଣ। ତାହା ପ୍ରକାଶ ପାଇଲା କରୋନା ମହାମାରୀ ସଂକ୍ରମଣ ସମୟରେ। ଏହା ହେଉଛି ବିପନ୍ନ ଲୋକଙ୍କୁ ସାହାଯ୍ୟ କରିବା ବା ସମାଜ ସେବା କରିବା। ସବ୍ୟସାଚୀ ଶିକ୍ଷାରେ ଜଣେ ଇଂଜିନିୟର। ତାଙ୍କ ପିତା ଶ୍ରୀ ସୁରେନ୍ଦ୍ର ପ୍ରସାଦ ମିଶ୍ର ଜଣେ ଅବସରପ୍ରାପ୍ତ ଆଇ.ଏ.ଏସ୍.। ତାଙ୍କ ମା' ଡକ୍ଟର ସୁଷମା ମିଶ୍ର ଜଣେ କବି ଓ ସୁଲେଖିକା। ତାଙ୍କ ଅଜା, ଆଈ ଶ୍ରୀ ଦିବାକର ମିଶ୍ର ଓ ଶ୍ରୀମତୀ ଦେବଲକ୍ଷ୍ମୀ ମିଶ୍ର ଉଭୟ ସାରସ୍ୱତ ସାଧକ। କଳା ଓ ସାହିତ୍ୟକୁ ପ୍ରାଧାନ୍ୟ ଦେଉଥିବା ପରିବାରରୁ ଯେଉଁ ମୂଲ୍ୟବୋଧ ସେ ଆହରଣ କରିଥିଲେ ତାହାର କେନ୍ଦ୍ରରେ ଥିଲା 'ସମ୍ବେଦନା'। ସେହି ସମ୍ବେଦନାର ବୀଜଟି ଅଙ୍କୁରିତ ହୋଇଥିଲା ସଙ୍କଟ ସମୟରେ। ବିବିଧ ଚରିତ୍ରର ଭୂମିକାରେ ଅବତୀର୍ଣ୍ଣ ହେଉଥିବା ସବ୍ୟସାଚୀ ବାସ୍ତବ ଜଗତର ସଂକଟଗ୍ରସ୍ତ ଚରିତ୍ରମାନଙ୍କ ଅସହାୟତାକୁ ଅନୁଭବ କଲେ ଆପଣା ଭିତରେ। ସଙ୍କଟ ଅତିକ୍ରମ କରିବା ପାଇଁ ବିପଦରେ ବିଶ୍ୱାସଟିଏ ଭଳି ସେ ସାହାଯ୍ୟର ହାତ ବଢ଼ାଇଥିଲେ ସେମାନଙ୍କୁ। ସକଳ ପ୍ରତିକୂଳତା ବିରୁଦ୍ଧରେ ଆତ୍ମବିଶ୍ୱାସ ଓ ସହଯୋଗକୁ ନେଇ ଜୀବନର ଜୟଯାତ୍ରା ଜାରି ରଖିହୁଏ ବୋଲି ସେ ପ୍ରମାଣ କରିଥିଲେ। ମହାମାରୀ କାଳଖଣ୍ଡରେ ବିପନ୍ନର ସେବା କରିବା ପାଇଁ ଯେଉଁ ପ୍ରେରଣାର ସ୍ଫୁରଣ ଘଟିଥିଲା ସବ୍ୟସାଚୀଙ୍କ ଭିତରେ ତାହା ପରବର୍ତ୍ତୀ କାଳରେ ସମାଜ ସେବାର ବିଭିନ୍ନ ଦିଗକୁ ପ୍ରସରିବାରେ ଲାଗିଛି। ଅଭିନୟ ସହ ସମାଜ ସେବା ତାଙ୍କୁ ଅଧିକରୁ ଅଧିକ ଜନପ୍ରିୟ କରିଛି।

# ସଙ୍କଟର ସହୃଦୟ: କୋଭିଡ କାଳର କେତୋଟି କଥା

୨୦୨୦ ମସିହା ପ୍ରଥମ ଭାଗରୁ ସମଗ୍ର ପୃଥିବୀ କରୋନା ଭାଇରସ୍ ବା କୋଭିଡ ୧୯ର ସଂକ୍ରମଣରେ ଆକ୍ରାନ୍ତ ହେବାକୁ ଲାଗିଲା। ଏହି ଭାଇରସର ଜନ୍ମସ୍ଥାନ ଥିଲା ଚୀନ୍ ଦେଶ। ଅଗଷ୍ଟ ୨୦୧୯ରୁ ଏହାର ଆବିର୍ଭାବ ହୋଇଥିଲେ ମଧ୍ୟ ଏ ଘଟଣାଟି ବହୁଦିନ ପର୍ଯ୍ୟନ୍ତ ଗୁପ୍ତ ରଖା ଯାଇଥିଲା। ଏହା ଭିତରେ ଲକ୍ଷ ଲକ୍ଷ ଲୋକଙ୍କ ପ୍ରାଣନାଶ ହେଲାଣି। ଏବେ ମୃତକଙ୍କ ସଂଖ୍ୟା ଦୈନିକ ବୃଦ୍ଧି ପାଇବାରେ ଲାଗିଛି। ଏହି ପ୍ରଳୟଙ୍କରୀ ମହାମାରୀର ଗତିରୋଧ କରିବା ସମ୍ଭବ ହେଉନଥିଲା ଯେହେତୁ ଏଥିପାଇଁ କୌଣସି ଔଷଧ ସେ ପର୍ଯ୍ୟନ୍ତ ଉଦ୍‌ଭାବିତ ହୋଇ ନଥିଲା। ତେଣୁ ସଂକ୍ରମଣ ରୋକିବା ପାଇଁ ସବୁ ଦେଶରେ ଲକ୍‌ଡାଉନ୍ ଓ ସଟ୍‌ଡାଉନ୍ ଘୋଷଣା କରାଗଲା। ଫଳରେ ରେଳ, ମଟର ଓ ଉଡାଜାହାଜର ଯାତାୟତ ବନ୍ଦ ରହିଥିଲା। କଳ, କାରଖାନା, ଦୋକାନ ବଜାର ଓ ସ୍କୁଲ କଲେଜ ଇତ୍ୟାଦି ଦୁଆରରେ ତାଲା ଝୁଲୁଥିଲା। ସତେ ଯେପରି ଜୀବନଯାତ୍ରା ସ୍ଥାଣୁ ପାଲଟି ଯାଇଥିଲା। ଏହି ପରିପ୍ରେକ୍ଷୀରେ ବହୁ ପ୍ରବାସୀ ଘରକୁ ଫେରିନପାରି ଦୂର ସ୍ଥାନମାନଙ୍କରେ ଅଟକି ରହିବାକୁ ବାଧ୍ୟ ହୋଇଛନ୍ତି। ଅନେକ ପ୍ରବାସୀ ଓଡ଼ିଆ ମଧ୍ୟ ସେହି ଅବସ୍ଥାର ଶିକାର ହୋଇଥିଲେ। ହତାଶା ଓ ନିରାଶ ଭାବ ସେମାନଙ୍କ ମନକୁ ଜର୍ଜରିତ କରିଥିଲା। ସତେ କ'ଣ ସେମାନେ ଘରକୁ ଫେରି ପାରିବେ ? ଏତିକି ବେଳେ ସେମାନଙ୍କୁ ସାହାଯ୍ୟ କରିବାକୁ ଅଣ୍ଟା ଭିଡ଼ି ବାହାରି ପଡ଼ିଲେ ଯୁବକ ସବ୍ୟସାଚୀ।

ଅଟକି ରହିଥିବା ପ୍ରବାସୀ ଓଡ଼ିଆଙ୍କ ମଧ୍ୟରେ ଅନେକ ଥିଲେ ଶ୍ରମିକ, କିଛି

କଂପାନୀ କର୍ମଚାରୀ, କିଛି କର୍ମଜୀବୀ ମହିଳା ଓ ଛାତ୍ରଛାତ୍ରୀ। ସବ୍ୟସାଚୀଙ୍କ ନିଷ୍ଠାପର ଉଦ୍ୟମରେ ଦଳ ଦଳ ପ୍ରବାସୀ ଓଡ଼ିଆ ଘରକୁ ଫେରିଛନ୍ତି ସ୍ୱତନ୍ତ୍ର ବସ୍, ଟ୍ରେନ, କାର ଓ ବିମାନ ଯୋଗେ। ସେମାନେ ଆସିଛନ୍ତି ଗୁଜୁରାଟ, ମହାରାଷ୍ଟ୍ର, ମଧ୍ୟପ୍ରଦେଶ, କେରଳ, ତାମିଲନାଡୁ, ତେଲେଙ୍ଗାନା, ଆନ୍ଧ୍ରପ୍ରଦେଶ ଓ ରାଜସ୍ଥାନରୁ। ସେଯାବତ ସେମାନଙ୍କ ସଂଖ୍ୟା ପ୍ରାୟ ଚାରିହଜାର ହେବ। ସେମାନେ ସଂକଟରୁ ଉଦ୍ଧାର ପାଇଲେ। ପ୍ରବାସୀ ଓଡ଼ିଆମାନେ ଘୋଷଣା କଲେ, "ସଂକଟର ସାଥୀ, ସବ୍ୟସାଚୀ"। ପ୍ରବାସୀ ଓଡ଼ିଆଙ୍କୁ ଫେରାଇ ଆଣିବାର ବହୁ କାହାଣୀ ସାମନାକୁ ଆସିଛି। ତନ୍ମଧ୍ୟରେ ରହିଛି କିଛି ମର୍ମସ୍ପର୍ଶୀ ଘଟଣା। ସେ ସମ୍ବନ୍ଧରେ କିଛି ସୂଚନା ନିମ୍ନରେ ପ୍ରଦତ୍ତ ହୋଇଛି।

## ଅସମ୍ଭବ ସମ୍ଭବ ହେଲା

ତାମିଲନାଡୁର କୋଏମ୍ବାଟୁରରେ ଅଟକି ରହିଥିବା ଜଣେ ପ୍ରବାସୀ ଓଡ଼ିଆ ଯୁବକ ଖବର ପାଇଲେ ଯେ ତାଙ୍କ ପିତା ଇହଧାମ ତ୍ୟାଗ କଲେ। ସେ ଜ୍ୟେଷ୍ଠପୁତ୍ର। ମୁଖାଗ୍ନି ଦେବା ତ ସମ୍ଭବ ହେଲାନାହିଁ, ଅନ୍ତତଃ ଦଶାହ କାର୍ଯ୍ୟରେ ଯୋଗ ଦିଅନ୍ତେ। ବହୁ ଉଦ୍ୟମ କରି ମଧ୍ୟ ଓଡ଼ିଶା ଫେରିବାର କୌଣସି ଉପାୟ ଦେଖାଗଲା ନାହିଁ, ବିଷାଦଗ୍ରସ୍ତ ଅବସ୍ଥାରେ କେବଳ ତାଙ୍କ ଆଖିରୁ ଝରିବାକୁ ଲାଗିଲା ଧାର ଧାର ଅଶ୍ରୁ। ଏହି ବିଷୟ ସବ୍ୟସାଚୀଙ୍କ ଦୃଷ୍ଟିକୁ ଆସିବାରୁ ସେ ପ୍ରଥମେ ସେହି ଯୁବକଙ୍କ ସହିତ ଯୋଗାଯୋଗ ସ୍ଥାପନ କଲେ। ଅନ୍ୟ ପ୍ରବାସୀଙ୍କୁ ଅଣାଉଥିବା ବସ୍‌ରେ ତାଙ୍କ ଆସିବାର ବ୍ୟବସ୍ଥା କରିଦେଲେ। ଯାହା ଅସମ୍ଭବ ମନେ ହେଉଥିଲା ତାହା ସବ୍ୟସାଚୀଙ୍କ ପାଇଁ ସମ୍ଭବ ହୋଇ ପାରିଲା।

## ହତାଶା ଜାଲରେ ମୃଗୁଣୀ

ଜଣେ କର୍ମଜୀବୀ ପ୍ରବାସୀ ଓଡ଼ିଆ ତରୁଣୀ ରେଳଯୋଗେ ମୁମ୍ବାଇରୁ ଭୁବନେଶ୍ୱର ଫେରୁଥିଲେ। ତାଙ୍କ ଘର ସୁନ୍ଦରଗଡ଼। ଘରେ ତାଙ୍କର ମା' ଅଛନ୍ତି। ଯାତ୍ରା ସମୟରେ ତାଙ୍କର ସଞ୍ଚିତ ୧୫ହଜାର ଟଙ୍କା ଓ ମୋବାଇଲ ଚୋରି ହୋଇଗଲା। ସେ ଭୁବନେଶ୍ୱର ଷ୍ଟେସନରେ ଓହ୍ଲାଇଲେ। ତାଙ୍କର କିଂ-କର୍ତ୍ତବ୍ୟ-ବିମୂଢ଼ ଅବସ୍ଥା। ଭାଗ୍ୟ ଯେପରି ତାଙ୍କୁ ଅନିଶ୍ଚିତତାର ଡଆଁର ନିକଟକୁ ଟାଣି ନେଉଛି। ଚିନ୍ତାଶୂନ୍ୟ ଭାବରେ

ତାଙ୍କର ପାଦ ଆଗକୁ ପଡ଼ିଲା । ସେ ଯାଇ ପହଞ୍ଚିଗଲେ ରସୁଲଗଡ଼ରେ । ସେଠାରେ ସେ ଅଟକିଗଲେ ଏବଂ ହତାଶ ହୋଇ ରୋଦନ କରିବାକୁ ଲାଗିଲେ । ଏହି ଘଟଣାଟି ପ୍ରତି କେହି ଜଣେ ସବ୍ୟସାଚୀଙ୍କ ଦୃଷ୍ଟି ଆକର୍ଷଣ କଲେ । ସେ ଆଉ ଥୟ ହୋଇ ରହି ନ ପାରି ଚାଲିଲେ ରସୁଲଗଡ଼ । ସେଠାରେ ସେହି ଝିଅକୁ ଭେଟି ତାଙ୍କୁ ଆଶ୍ୱାସନା ଦେଲେ ଯେ ତାଙ୍କର ସବୁ ସୁବିଧା କରାଯିବ । ତେଣୁ ସେ କାନ୍ଦିବା ବନ୍ଦ କରନ୍ତୁ । ତାଙ୍କ ପାଇଁ କିଛି ଶୁଖିଲା ଖାଦ୍ୟ ଓ ପିଇବା ପାଣିର ବ୍ୟବସ୍ଥା କଲେ । ତାଙ୍କ ପାଇଁ ଏକ ନୂଆ ମୋବାଇଲ୍ ଫୋନ୍ କିଣିଦେଲେ । ତତ୍‌ପରେ ନିଜ ଖର୍ଚ୍ଚରେ ତାଙ୍କର ବସରେ ସୁନ୍ଦରଗଡ଼ ଯିବାର ସୁବନ୍ଦୋବସ୍ତ କରାଇ ଦେଇଥିଲେ । ସେ ଝିଅ ଆଖିରେ ସବ୍ୟସାଚୀ ପାଲଟିଗଲେ ଦେବଦୂତ ।

## ବିପଦ ସ୍ରୋତରେ ଭାସିଯାଉଥିବା ଲୋକେ କୂଳରେ ଲାଗିଲେ

ବେଙ୍ଗାଲୁରରେ ରହୁଥିବା ଏକ ଶ୍ରମଜୀବୀ ଓଡ଼ିଆ ପରିବାର, ଘରଭଡ଼ା ଦେଇନଥିବାରୁ ମାଲିକ ସେମାନଙ୍କୁ ଘରୁ ବାହାର କରିଦେଲେ । ତା'ର ଛଅଦିନ ପୂର୍ବରୁ ସେମାନଙ୍କ ମା'ଙ୍କୁ ପକ୍ଷାଘାତ ହୋଇଥିଲା । ଅନନ୍ୟୋପାୟ ହୋଇ ସେମାନେ ଗୋଟିଏ ଗଛ ମୂଳେ ଆଶ୍ରୟ ନେଲେ । ବେଙ୍ଗାଲୁରୁରୁ କିପରି ସେମାନଙ୍କ ଘର ବଲାଙ୍ଗିରକୁ ଫେରିବେ ସେମାନଙ୍କୁ ବୁଦ୍ଧିବାଟ ଦେଖାଗଲା ନାହିଁ । ଫଳରେ ସେମାନେ ହତାଶ ହୋଇଗଲେ । ସବ୍ୟସାଚୀ ଏ ଖବର ପାଇ ସେମାନଙ୍କ ସଙ୍ଗେ ଯୋଗାଯୋଗ କଲେ । ପ୍ରଥମେ ସେମାନଙ୍କ ନିକଟକୁ କିଛି ଅର୍ଥ ପଠାଇଲେ । ସେମାନଙ୍କ ମନରେ ଘରକୁ ଫେରିଆସିବାର ଆଶା ଓ ବିଶ୍ୱାସ ଜାଗ୍ରତ କରାଇଲେ । ପକ୍ଷାଘାତ ରୋଗୀର ସୁବିଧା ଦୃଷ୍ଟିରୁ ସେ ନିଜ ହାତରୁ ଅର୍ଥ ବ୍ୟୟ କରି ସେମାନଙ୍କୁ ଉଡ଼ାଜାହାଜରେ ଓଡ଼ିଶା ଅଣାଇବାର ବ୍ୟବସ୍ଥା କରାଇଦେଲେ । ଏତେ ଶୀଘ୍ର ଓ ଏତେ ସୁବିଧାରେ ଫେରିବେ ବୋଲି ସେମାନେ କଳ୍ପନାରେ ସୁଦ୍ଧା ଭାବି ନଥିଲେ । ଗଛ ମୂଳକୁ ଆଶ୍ରା କରିଥିବା ସର୍ବହରା ଆକାଶରେ ଉଡ଼ିଲେ । ଏହା ଭାଗ୍ୟର ଖେଳ ବୋଲି କୁହାଯାଇପାରେ ।

## ପଦଯାତ୍ରୀଙ୍କ ବସ୍ ଯାତ୍ରା

ସେହିପରି ଏକାଧିକ ପ୍ରବାସୀ ଓଡ଼ିଆ ଶ୍ରମିକ ପରିବାର ଯେଉଁମାନଙ୍କର

ସଦସ୍ୟ ସଂଖ୍ୟା ମୋଟ ୪୦, ସେମାନେ ଫେରିବାର କୌଣସି ଉପାୟ ନ ପାଇ ଆନ୍ଧ୍ର ପ୍ରଦେଶର ଗୁଣ୍ଟୁରରୁ ଚାଲି ଚାଲି ଓଡ଼ିଶା ଆସିବାକୁ ଆରମ୍ଭ କଲେ। ସବ୍ୟସାଚୀ ଏକଥା ଜାଣିବାକୁ ପାଇ ସେମାନଙ୍କ ସଙ୍ଗେ ଯୋଗାଯୋଗ ସ୍ଥାପନ କଲେ। ଅପାତତଃ କୌଣସି ପକ୍କା ଛାତଥିବା ସ୍ଥାନରେ ଅଟକି ରହିବାକୁ ସେମାନଙ୍କୁ କହିଲେ। ଏହା ହୋଇପାରେ କୌଣସି କୋଠାଘରର ପୋର୍ଟିକୋ। କାରଣ ସେତେବେଳେ ମୃଦୁ ବର୍ଷା ହେଉଥିଲା। ପ୍ରଥମେ ସେମାନଙ୍କ ନିକଟକୁ ସେ କିଛି ଟଙ୍କା ପଠାଇଥିଲେ। ଉଦ୍ଦେଶ୍ୟ ସେମାନଙ୍କର ଖାଦ୍ୟପେୟରେ କୌଣସି ଅସୁବିଧା ନ ହେଉ। ତତ୍‌ପରେ ସେମାନଙ୍କୁ ସ୍ୱତନ୍ତ୍ର ବସରେ ଅଣାଇବାର ସେ ବ୍ୟବସ୍ଥା କରାଇଥିଲେ। ଏପରି ସାହାଯ୍ୟ ପାଇବେ ବୋଲି ସେମାନେ ସ୍ୱପ୍ନରେ ସୁଦ୍ଧା ଭାବି ନଥିଲେ। ସେମାନେ ସୁରୁଖୁରୁରେ ଆସି ଓଡ଼ିଶାରେ ପହଞ୍ଚିଲେ ଏବଂ ସବ୍ୟସାଚୀଙ୍କ ପ୍ରତି କୃତଜ୍ଞତା ପ୍ରକାଶ କଲେ।

## ଭଉଣୀମାନଙ୍କର ରକ୍ଷାକାରୀ ଭ୍ରାତୃଲାଭ

କେରଳ, ତାମିଲନାଡୁ ଓ ଆନ୍ଧ୍ରପ୍ରଦେଶରେ ପ୍ରାୟ ୩୦୦ ଜଣରୁ ଊର୍ଦ୍ଧ୍ୱ ପ୍ରବାସୀ ଓଡ଼ିଆ ମହିଳା ଶ୍ରମିକ ଓଡ଼ିଶା ଫେରି ନ ପାରି ଅଟକି ରହିଥିଲେ। ଟ୍ରେନ୍, ବସ ଓ ଉଡ଼ାଜାହାଜ ଯାତାୟାତ କରୁ ନଥିବା ସ୍ଥଳେ ସେମାନଙ୍କୁ ଓଡ଼ିଶା ଫେରିବାର କୌଣସି ଉପାୟ ଦେଖାଗଲା ନାହିଁ। ସେମାନେ ହତାଶ ହୋଇ ରହିଥିଲେ। ସବ୍ୟସାଚୀ ଏହା ଜାଣି ଏକାଧିକ ସ୍ୱତନ୍ତ୍ର ବସ ଯୋଗାଡ଼ କରି ସେମାନଙ୍କୁ ଓଡ଼ିଶା ଆଣିବାକୁ ସକ୍ଷମ ହୋଇଥିଲେ। ସମସ୍ତ ବସଯାତ୍ରୀଙ୍କ ପାଇଁ ତିନିଦିନ ଲାଗି ଶୁଖିଲା ଖାଦ୍ୟ ଓ ପିଇବା ପାଣିର ବ୍ୟବସ୍ଥା କରାଇଥିଲେ। ଏ ସବୁ ଆୟୋଜନର ସମସ୍ତ ଖର୍ଚ୍ଚ ସେ ନିଜେ ବହନ କରିଥିଲେ। ଫେରୁଥିବା ସମସ୍ତ ଭଉଣୀ ସବ୍ୟସାଚୀଙ୍କୁ ନିଜ ଭାଇଠାରୁ ଅଧିକ ଜ୍ଞାନକରି ଗଭୀର କୃତଜ୍ଞତା ଜ୍ଞାପନ କଲେ।

## ରାଜସ୍ଥାନରୁ ଅସହାୟ ଛାତ୍ରଛାତ୍ରୀଙ୍କ ଘର ବାହୁଡ଼ା

୮୦ଜଣ ପ୍ରବାସୀ ଓଡ଼ିଆ ଛାତ୍ରଛାତ୍ରୀ ରାଜସ୍ଥାନରେ ଅଟକି ରହିଥିଲେ। ସେମାନଙ୍କ ମଧ୍ୟରେ ଶତକଡ଼ା ୭୦ ଭାଗ ଥିଲେ ଝିଅ। ଫେରିବାର କୌଣସି ଉପାୟ ନ ପାଇ ସେମାନେ ନିରାଶ ହୋଇ ଯାଇଥିଲେ। ସବ୍ୟସାଚୀ ଦୁଇଟି ବସ୍

ଭଡ଼ାକରି ସେମାନଙ୍କୁ ଓଡ଼ିଶା ଅଣାଇଥିଲେ। ଯେଉଁମାନେ ଟିକେଟ୍ ମୂଲ୍ୟ ଦେବାକୁ ଅକ୍ଷମ ହୋଇଥିଲେ, ସେମାନଙ୍କ ପାଇଁ ସବ୍ୟସାଚୀ ନିଜେ ସେ ଖର୍ଚ୍ଚ ବହନ କରିଥିଲେ। ଖୁସି ପ୍ରକାଶ କରି ସେହି ବିଦ୍ୟାର୍ଥୀମାନେ ଧ୍ୱନି ଦେଉଥିଲେ, "ସବ୍ୟସାଚୀ ଧନ୍ୟବାଦ, ସବ୍ୟସାଚୀ ଜିନ୍ଦାବାଦ।" ବାଟରେ ଖାଇବା ପାଇଁ ସେମାନଙ୍କ ଲାଗି ଯଥେଷ୍ଟ ଶୁଖିଲା ଖାଦ୍ୟ ଓ ପିଇବାପାଣିର ବ୍ୟବସ୍ଥା ମଧ୍ୟ କରାଯାଇଥିଲା।

## ଭୋକ ଉପାସ ଆଶଙ୍କାରୁ ମୁକ୍ତି

କେନ୍ଦ୍ରାପଡ଼ା ଜିଲ୍ଲା ଅନ୍ତର୍ଗତ ଗୋଟିଏ ଗ୍ରାମର ଛଅଜଣ ଯୁବକ ଗୁଜୁରାଟର ଏକ ସୂତା କଳରେ କାମ କରୁଥିଲେ। ଲକ୍‌ଡାଉନ୍ ଯୋଗେ ସେମାନଙ୍କର କାମ ବନ୍ଦ ହୋଇଗଲା। ଦୁର୍ଭାଗ୍ୟକୁ ସେମାନଙ୍କ ମଧ୍ୟରୁ ଜଣେ ଅସୁସ୍ଥ ହୋଇ ପଡ଼ିଲେ। ଅନ୍ୟମାନେ ତାର ଚିକିତ୍ସା କରାଇଲେ। ରୋଗ ଉପଶମ ହେଲା ନାହିଁ। ହାତରେ ଥିବା ସଞ୍ଚିତ ଅର୍ଥ ପ୍ରାୟ ୩୨ ହଜାର ଟଙ୍କା ଖର୍ଚ୍ଚ ହୋଇଗଲା। ଗାଁକୁ ଖବର ଦେବାରୁ ସାଙ୍ଗ ପିଲାମାନେ ଚାନ୍ଦାକରି ପାଞ୍ଚହଜାର ଟଙ୍କା ପଠାଇଲେ। ସେହି ଛଅ ଜଣ ଯୁବକ ଅସୁସ୍ଥ ସାଥୀକୁ ସଙ୍ଗରେ ଧରି ଓଡ଼ିଶା ଫେରିବାକୁ ଚାହୁଁଥିଲେ। ମାତ୍ର ନିରୁପାୟ। ଏତିକିବେଳେ ସେମାନଙ୍କ ଦୁର୍ଦ୍ଦଶା କଥା ସବ୍ୟସାଚୀଙ୍କ ଦୃଷ୍ଟିକୁ ଆସିଲା। ତାଙ୍କ ପ୍ରଚେଷ୍ଟା ଓ ଅର୍ଥବ୍ୟୟରେ ସେମାନେ ଓଡ଼ିଶାକୁ ଫେରିଥିଲେ। ରେଳ ଯୋଗାଯୋଗ ନଥିବା ଅଞ୍ଚଳରେ ତିନୋଟି କାରରେ ଯାତ୍ରା କରିଥିଲେ। ଟ୍ରେନ୍ ଯୋଗେ ମୁମ୍ବାଇରୁ ଭୁବନେଶ୍ୱର ଆସିଥିଲେ। ପରିଶେଷରେ ଭୁବନେଶ୍ୱରରୁ ନିଜ ଗ୍ରାମକୁ ତିନୋଟି କାରରେ ଯାଇଥିଲେ। ସବ୍ୟସାଚୀ ସାହାଯ୍ୟର ହାତ ନ ବଢ଼ାଇଥିଲେ ସେମାନେ ଘରକୁ ଫେରି ନ ପାରି ପ୍ରବାସରେ ଭୋକ ଉପାସରେ ଛଟପଟ ହୋଇଥାଆନ୍ତେ।

## ନିରାଶାରେ ଆଶାର ସଞ୍ଚାର

ବଳରାମ ନାମକ ଜଣେ ଓଡ଼ିଆ ଶ୍ରମିକ ଚେନ୍ନାଇରେ ସସ୍ତ୍ରୀକ ରହୁଥିଲେ। ଲକ୍‌ଡାଉନ୍ ଲାଗି ତିନିମାସ ଧରି ତାଙ୍କ ରୋଜଗାର ବନ୍ଦ ହୋଇଗଲା। ହାତରେ ଥିବା ଧନ ସରିଗଲା। ଖାଇବା ପିଇବାରେ ଅସୁବିଧା ଦେଖାଦେଲା। ଏଣେ ସ୍ତ୍ରୀ ଆଠ ମାସର ଗର୍ଭବତୀ। ଅର୍ଥାଭାବ ଲାଗି ତାଙ୍କର ଥରେ ବି ଡାକ୍ତରୀ ପରୀକ୍ଷା

ହୋଇନାହିଁ। ସେମାନେ ଘରକୁ ଫେରିବାକୁ ବ୍ୟାକୁଳ। କିନ୍ତୁ ନିରୁପାୟ। ସେମାନଙ୍କର ଏହି ଦୟନୀୟ ଅବସ୍ଥା ସବ୍ୟସାଚୀଙ୍କ ଦୃଷ୍ଟିକୁ ଆସିବା ପରେ ସେ ପ୍ରଥମେ ସେମାନଙ୍କ ନିକଟକୁ କିଛି ଅର୍ଥ ପଠାଇଲେ। ଓଡ଼ିଶା ଫେରାଇ ଆଣିବାର ଆଶା ଦେଲେ। ସେମାନଙ୍କ ମଧ୍ୟରେ ବିଶ୍ୱାସ ଏବଂ ଆତ୍ମୀୟତା ଜନ୍ମାଇବା ପାଇଁ କହିଲେ, "ମୋର ଭଣଜା, ଭାଣେଜୀ ଯିଏ ଆସିବ ସିଏ ଓଡ଼ିଶାରେ ହିଁ ଆଖି ଖୋଲିବ।" ପୁନଶ୍ଚ କହିଲେ, "ବଳରାମ, ମୋ ଭଉଣୀର ଯତ୍ନ ନେଉଥିବ। ତାର ଯେପରି କୌଣସି ଅସୁବିଧା ନ ହୁଏ।" ସବ୍ୟସାଚୀଙ୍କ ଅର୍ଥ ବ୍ୟୟରେ ସେହି ଦମ୍ପତି ସ୍ୱତନ୍ତ୍ର ଟ୍ରେନଯୋଗେ ବ୍ରହ୍ମପୁର ରେଳ ଷ୍ଟେସନରେ ଆସି ପହଞ୍ଚିଲେ। ସେଠାରୁ ସେମାନେ ବସଯୋଗେ ସେମାନଙ୍କ ଘର କବିସୂର୍ଯ୍ୟ ନଗର ନିକଟ ବୋଲସର ଗାଁକୁ ଯାଇଥିଲେ। ଗାଁରେ ପହଞ୍ଚି ସେମାନେ ସବ୍ୟସାଚୀଙ୍କ ପ୍ରତି କୃତଜ୍ଞତା ପ୍ରକାଶ କରିବା ସଙ୍ଗେ ସଙ୍ଗେ ନିମନ୍ତ୍ରଣ କରିଥିଲେ, ଭଣଜା କି ଭାଣେଜୀ ହେଲେ ଦେଖିବାକୁ ଯିବା ପାଇଁ।

## ଶଠର କ୍ଷମାଭିକ୍ଷା

ପୂର୍ବ ବର୍ଣ୍ଣିତ ଘଟଣାମାନଙ୍କ ଠାରୁ ଏହି ଘଟଣାଟି ସମ୍ପୂର୍ଣ୍ଣ ସ୍ୱତନ୍ତ୍ର। ସବ୍ୟସାଚୀଙ୍କ ନାମରେ ଠକିବାର ଉଦ୍ୟମ ହୋଇଥିଲା। ସବ୍ୟସାଚୀ ପ୍ରବାସୀ ଓଡ଼ିଆଙ୍କୁ ଓଡ଼ିଶା ଫେରିବାରେ ସାହାଯ୍ୟ କରୁଥିବା କଥା ବହୁଳ ଭାବରେ ଲୋକ ଲୋଚନକୁ ଆସିଥିଲା। ଏହାର ସୁଯୋଗ ନେଇ ତାମିଲନାଡୁର କୋଏମ୍ବାଟୁର୍‌ରେ ରହୁଥିବା ଗୋପାଳ ନାମକ ଜଣେ ପ୍ରବାସୀ ଓଡ଼ିଆ, ଲୋକଙ୍କୁ ଠକି କିଛି ଅର୍ଥ ଉପାର୍ଜନ କରିବାକୁ ଚେଷ୍ଟାକଲା। ସେ ଲୋକଙ୍କୁ କହିଲା ଯେ ସେ ସବ୍ୟସାଚୀଙ୍କ ଲୋକ। ସେ ଖବର ଦେଇଛନ୍ତି, ଯେଉଁମାନେ ଓଡ଼ିଶା ଫେରିବାକୁ ଚାହାନ୍ତି ସେମାନଙ୍କଠାରୁ ଜଣକେ, ୬,୫୦୦ ଟଙ୍କା ଆଦାୟ କରିବାକୁ। ସେମାନେ ଗାଁରେ ପହଞ୍ଚିଲେ ଓଡ଼ିଶା ସରକାରଙ୍କ ତରଫରୁ ସରପଞ୍ଚ ସେ ଟଙ୍କା ଫେରାଇଦେବେ। ଘର ବାହୁଡ଼ା ଆଶାୟୀ ବାଦଲ ନାମକ ଜଣେ ପ୍ରବାସୀ ଓଡ଼ିଆ, ଟଙ୍କା ଦେବା ପୂର୍ବରୁ ଏହାର ସତ୍ୟାସତ୍ୟ ଜାଣିବା ପାଇଁ ସବ୍ୟସାଚୀଙ୍କୁ ଫୋନ୍ କଲେ। ଏହାଦ୍ୱାରା ଖବରଟି ତାଙ୍କ ନିକଟରେ ପହଞ୍ଚିଗଲା। ସେ ତୁରନ୍ତ ଭୁବନେଶ୍ୱର ଡି.ସି.ପି.ଙ୍କ ମାଧ୍ୟମରେ କୋଏମ୍ବାଟୁର ପୁଲିସ୍ ସହିତ ଯୋଗାଯୋଗ କଲେ। ସେମାନେ ସତ୍ୟାସତ୍ୟ ଅନୁଧ୍ୟାନ କରି ୧୮ଘଣ୍ଟା ମଧ୍ୟରେ ଠକକୁ ଗିରଫ୍ କଲେ। ତାକୁ ଜେଲ୍‌କୁ ପଠାଇଦେଇ କୋର୍ଟକୁ ତା

ନାମରେ ମାମଲା ପଠାଇଦେଲେ। ସେ ଠକ ଘରେ ଥିଲେ ତା' ସ୍ତ୍ରୀ ଓ ଆଠ ବର୍ଷର ଗୋଟିଏ ଝିଅ। ଅର୍ଥାଭାବ ଲାଗି ସେମାନେ ବହୁ ଅସୁବିଧାର ସମ୍ମୁଖୀନ ହେଲେ। ନିରୁପାୟ ହୋଇ ଗୋପାଳର ସ୍ତ୍ରୀ ସବ୍ୟସାଚୀଙ୍କୁ ନିଜର ଦୁଃଖ ଜଣାଇଲା। ସବ୍ୟସାଚୀ ତୁରନ୍ତ ତାଙ୍କ ନିକଟକୁ କିଛି ଅର୍ଥ ପ୍ରେରଣ କଲେ। ସ୍ୱାମୀ ଅନୁପସ୍ଥିତ ଥିବା ସମୟରେ ମା' ପିଲାଙ୍କର ଚଳିବାରେ କୌଣସି ଅସୁବିଧା ହେଲା ନାହିଁ। ଠକ ଗୋପାଳ ଜେଲ୍‌ରେ ଆସିବାପରେ ସବ୍ୟସାଚୀଙ୍କୁ ଫୋନ୍ କରି କୃତଜ୍ଞତା ପ୍ରକାଶ କଲା ତା ପିଲାଙ୍କୁ ସାହାଯ୍ୟ କରିଥିବାରୁ ଏବଂ ଶପଥ କରି କହିଲା, ସେ ଏପରି ଭୁଲ୍ କେବେ କରିବ ନାହିଁ।

## ମା' ଝିଅକୁ ଫେରି ପାଇଲା

ଜଗତସିଂହପୁର ସହରରେ ଥିବା ଦେଉଳି ସାହିର ୧୯ବର୍ଷର ଝିଅ ମାମୁନୀ। ତାଙ୍କ ଘରେ ଥିଲେ ବାପା, ମା', ଗୋଟିଏ ସାନ ଭଉଣୀ ଓ ସେ ନିଜେ। ବାପା ପରିବା ବିକି ଗୁଜୁରାଣ ମେଣ୍ଟାଉଥିଲେ। ଏବେ ସେ ଦୀର୍ଘ ଅସୁସ୍ଥତା ଭୋଗ କରି କୌଣସି କାର୍ଯ୍ୟ କରିପାରୁ ନାହାଁନ୍ତି। ଘରେ ଚଳିବାକୁ ଅସୁବିଧା। ମାମୁନୀ ଭାବିଲା ସେ କିଛି ରୋଜଗାର କରି ଘର ଚଳାଇବ। ଏତିକି ବେଳେ ଗାଁର ଜଣେ କଣ୍ଟ୍ରାକ୍ଟର ତାକୁ କହିଲେ ସେ ଆନ୍ଧ୍ରପ୍ରଦେଶ ବାପଟ୍‌ଲାଠାରେ ଥିବା ଏକ ଚିଙ୍ଗୁଡ଼ି ଫ୍ୟାକ୍ଟ୍ରିରେ ତାକୁ ଚାକିରି କରାଇଦେବେ। ମାସକୁ ଦରମା ପ୍ରାୟ ୧୮,୦୦୦ ଟଙ୍କା। ଗାଁ ଲୋକ ହୋଇଥିବାରୁ ତା ସହିତ ଝିଅକୁ ଛାଡ଼ିବାକୁ ତା'ର ମା' ରାଜି ହୋଇଗଲେ। ସେଠାରେ ଯାଇ ମାମୁନୀ ଚାକିରିରେ ଯୋଗଦେଲା। ମାତ୍ର ଦରମା ଆଶାତୀତ ଭାବରେ କମ୍ ମିଳିଲା। ଅଳ୍ପଦିନ ପରେ ଲକ୍‌ଡାଉନ୍ ହୋଇଗଲା। ରୋଜଗାର ବନ୍ଦ ହେବା ସହିତ ଓଡ଼ିଶା ଫେରିବା ବାଟ ମଧ୍ୟ ବନ୍ଦ ହୋଇଗଲା। କଣ୍ଟ୍ରାକ୍ଟର ମାଧ୍ୟମରେ ତା ଉପରେ ନିର୍ଯାତନା ଆରମ୍ଭ ହେଲା। ମା' ସଙ୍ଗେ ସମ୍ପର୍କ ରଖିବାକୁ ସେ ପ୍ରତିବନ୍ଧକ ସୃଷ୍ଟି କରନ୍ତି। ଏପରିକି ତା ମୋବାଇଲଟି ଚୋରି ହୋଇଗଲା। କଣ୍ଟ୍ରାକ୍ଟରଙ୍କ ସେଥିରେ ହାତ ଥିବା ସନ୍ଦେହ କରାଯାଉଥିଲା। ମାମୁନୀର ସହକର୍ମୀମାନଙ୍କୁ ସେ ତାଗିଦ୍ କଲେ ଯେ ମାମୁନୀକୁ ବ୍ୟବହାର ପାଇଁ ସେମାନେ ଯେପରି କେହି ମୋବାଇଲ ନ ଦିଅନ୍ତି। ଏହା ଦ୍ୱାରା ମାମୁନୀର ମାନସିକ ନିର୍ଯାତନା ବୃଦ୍ଧି ପାଇବାକୁ ଲାଗିଲା। ମାମୁନୀ ଯେଉଁ ସ୍ୱପ୍ନ ନେଇ ଆସିଥିଲା ତାହା ଧୂଳିସାତ୍

ହୋଇଗଲା। ବହୁ କଷ୍ଟରେ ସେ ଲୁଚାଇ କରି ଜଣେ ସାଙ୍ଗ ମୋବାଇଲରେ ନିଜ ମା'କୁ ଦୁଃଖ ଜଣାଇଲା। ମା' ଜିଲ୍ଲାପାଳ ଓ ଏସ୍.ପି.ଙ୍କୁ ଅନୁରୋଧ କଲା ତା ଝିଅକୁ ଉଦ୍ଧାର କରିବା ପାଇଁ। ମାତ୍ର ସୁଫଳ ମିଳିବାର ଆଶା ଦେଖାଗଲା ନାହିଁ। ଜଣେ ସାମ୍ବାଦିକ ତାଙ୍କୁ ସବ୍ୟସାଚୀଙ୍କ ମୋବାଇଲ ନମ୍ବର ଦେଇ ତାଙ୍କ ସହିତ ଯୋଗାଯୋଗ କରିବାକୁ କହିଲେ। ସବ୍ୟସାଚୀ ଖବର ପାଇ ମାମୁନୀ ମା'କୁ ଧୈର୍ଯ୍ୟ ଧରିବାକୁ କହି ପ୍ରତିଶ୍ରୁତି ଦେଲେ ସେ ସେ ସବୁମତେ ଚେଷ୍ଟା କରିବେ। ତେଲୁଗୁ ସିନେମା ଜଗତରେ ସବ୍ୟସାଚୀ ପରିଚିତ। କାରଣ ଏକାଧିକ ତେଲୁଗୁ ଚଳଚ୍ଚିତ୍ରରେ ସେ ନାୟକ ଭୂମିକାରେ ଅବତୀର୍ଣ୍ଣ ହୋଇଥିଲେ। ଡକ୍ଟର ସାମ୍ବାଶିବା ରାଓ ନାମକ ଜଣେ ପ୍ରଯୋଜକଙ୍କ ସହିତ ତାଙ୍କର ପରିଚୟ ଥିଲା। ସଂଯୋଗ ବଶତଃ ତାଙ୍କ ଘର ମଧ୍ୟ ବି ସେହି ବାପ୍‌ଟ୍‌ଲାରେ। ମାତ୍ର ସେ ପ୍ରାୟ ରହନ୍ତି ଲଣ୍ଡନରେ। ତଥାପି ସବ୍ୟସାଚୀ ତାଙ୍କୁ ଫୋନ୍ କରି ସାହାଯ୍ୟ ମାଗିଲେ। ସେ ତାଙ୍କ ଜଣା ସ୍ଥାନୀୟ ଲୋକଙ୍କୁ ଲଗାଇ ମାମୁନୀକୁ ଠାବ କରିଦେଲେ। ଜଣେ ସ୍ଥାନୀୟ ମୁରବି ଲୋକଙ୍କ ସହିତ ପରିଚୟ କରାଇଦେଲେ ଅନ୍ୟାନ୍ୟ ସାହାଯ୍ୟ କରିବା ପାଇଁ। ସବ୍ୟସାଚୀ ସେହି ମୁରବି ବ୍ୟକ୍ତି ନିକଟକୁ କିଛି ଟଙ୍କା ପଠାଇଲେ ଗୋଟିଏ ମୋବାଇଲ କିଣି ମାମୁନିକୁ ଦେବାକୁ। ସେ ତୁରନ୍ତ ସେ କାର୍ଯ୍ୟ ସମ୍ପାଦନ କଲେ। ଭୁବନେଶ୍ୱର ପୁଲିସ୍ ମାଧ୍ୟମରେ ବାପଟ୍‌ଲା ପୁଲିସର ସାହାଯ୍ୟ ନିଆଗଲା। ସେମାନେ ମାମୁନୀକୁ ଉଦ୍ଧାର କରିବାରେ ସାହାଯ୍ୟ କଲେ। ବିଶାଖାପାଟଣାରୁ ଗୋଟିଏ ସ୍ୱତନ୍ତ୍ର ଟ୍ରେନ୍ ଭୁବନେଶ୍ୱର ଆସିବାର ଥାଏ। ସେଥିରେ ସବ୍ୟସାଚୀ ମାମୁନୀ ପାଇଁ ଗୋଟିଏ ଟିକେଟ୍ କରାଇଦେଲେ। ମାତ୍ର ବାପଟ୍‌ଲା ସେହି ଷ୍ଟେସନଠାରୁ ୨୦୦ କିଲୋମିଟର ଦୂର। ତେଣୁ ଗୋଟିଏ କାରରେ ମାମୁନୀକୁ ସେଠାକୁ ଅଣାଗଲା। ସଙ୍ଗରେ ଜଣେ ବିଶ୍ୱାସଯୋଗ୍ୟ ବ୍ୟକ୍ତି ତାଙ୍କୁ ଛାଡ଼ିବାକୁ ଆସିଥିଲେ। ଏସବୁ ଆୟୋଜନ କରିଥିଲେ ପୂର୍ବ କଥିତ ମୁରବିସ୍ଥାନୀୟ ବ୍ୟକ୍ତି। ସବ୍ୟସାଚୀ ମାମୁନୀ ମା'କୁ ଭୁବନେଶ୍ୱର ରେଳଷ୍ଟେସନକୁ ଡକାଇଥିଲେ। ମାମୁନୀ ଟ୍ରେନରୁ ଓହ୍ଲାଇବାବେଳକୁ ସେଠାରେ ଉଭୟ ତା ମା' ଓ ସବ୍ୟସାଚୀ ଉପସ୍ଥିତ ଥିଲେ। ମାମୁନୀ ସେମାନଙ୍କୁ ଭୂମିଷ୍ଠ ପ୍ରଣିପାତ କଲା। ମା', ଝିଅକୁ ଦେଖି କାନ୍ଦି ପକାଇଲେ। ଗଦ୍ ଗଦ୍ କଣ୍ଠରେ କହିଲେ, "ମୋର ପୁଅ ନାହିଁ। ସବ୍ୟସାଚୀ ପୁଅଠାରୁ ବଳି ଅଧିକ ସାହାଯ୍ୟ କରିଛନ୍ତି। ସେ ମୋ ଝିଅକୁ ଉଦ୍ଧାର କରି ନଥିଲେ ସେ ମନ କଷ୍ଟରେ ମରିଯାଇ

ଥାଆନ୍ତା। ତାଙ୍କ ଋଣ ମୁଁ ଜୀବନରେ କେବେ ଶୁଝି ପାରିବି ନାହିଁ।” ତତ୍ପରେ ସବ୍ୟସାଚୀ ଗୋଟିଏ ଟ୍ୟାକ୍ସିରେ ମା’, ଝିଅଙ୍କୁ ଜଗତସିଂହପୁର ପଠାଇ ଦେଇଥିଲେ। କହିବା ବାହୁଲ୍ୟ ସମସ୍ତ ଖର୍ଚ୍ଚ ସେ ନିଜ ହାତରୁ ତୁଲାଇଥିଲେ।

## ସବ୍ୟସାଚୀଙ୍କ ପ୍ରତି ସମ୍ମାନ ପ୍ରଦର୍ଶନ

ସବ୍ୟସାଚୀ ବହୁ ପ୍ରବାସୀ ଓଡ଼ିଆଙ୍କୁ ନିରାଶାର ଅନ୍ଧକାର ଗହ୍ୱର ମଧ୍ୟରୁ ଉଦ୍ଧାର କରି ଆଶାର ଆଲୋକ ପଥରେ ପହଞ୍ଚାଇ ପାରିଥିଲେ। ସେମାନଙ୍କର ଦୃଷ୍ଟିରେ ସେ କେବଳ ଚଳଚ୍ଚିତ୍ର ଜଗତର ନାୟକ ନୁହଁନ୍ତି, ସେ ବାସ୍ତବ ଜୀବନର ଜଣେ ମହାନାୟକ।

ଭଦ୍ରକ ଜିଲ୍ଲାର ଗୋଟିଏ ଗ୍ରାମର କିଛି ପ୍ରବାସୀଙ୍କର ଘର ବାହୁଡ଼ା ସମ୍ଭବ ହୋଇଥିଲା ସବ୍ୟସାଚୀଙ୍କ ଲାଗି। ତେଣୁ ସେମାନେ ଚାହିଁଲେ ତାଙ୍କୁ ସମ୍ବର୍ଦ୍ଧିତ କରିବା ପାଇଁ। ସବ୍ୟସାଚୀ ତ ଯାଇ ପାରିବେ ନାହିଁ। ତେଣୁ ସେମାନେ ସୁସଜ୍ଜିତ ଏକ ଉଚ୍ଚ ଆସନରେ ତାଙ୍କର ଏକ ଫଟୋ ସ୍ଥାପନ କଲେ। ସେଥିରେ ଫୁଲମାଳ ଓ ଉତ୍ତରୀୟ ଦେଇ ସଜାଇଲେ, ଏବଂ ଦୀପ, ଧୂପ ଓ ଚନ୍ଦନ ପ୍ରଦାନ କରି ସମ୍ବର୍ଦ୍ଧନା ଜଣାଇଲେ। ହୁଳହୁଳି ନାଦରେ ସ୍ଥାନଟି ପ୍ରକମ୍ପିତ ହୋଇଗଲା। ସେମାନଙ୍କର ଏହି ସଦିଚ୍ଛା ପାଇଁ ସବ୍ୟସାଚୀ ସେମାନଙ୍କୁ ଧନ୍ୟବାଦ ଦେଇଥିଲେ ମୋବାଇଲ ଭିଡ଼ିଓ ମାଧ୍ୟମରେ।

ଦୂର ସ୍ଥାନରେ ଅଟକି ରହିଥିବା ପ୍ରବାସୀ ଓଡ଼ିଆଙ୍କୁ ଘରକୁ ଫେରାଇ ଆଣିବାରେ ସବ୍ୟସାଚୀଙ୍କର ବିବିଧ ସାହାଯ୍ୟ କାର୍ଯ୍ୟ, ବହୁଳ ଭାବରେ ପ୍ରଶଂସିତ ହୋଇଥିଲା। ସମ୍ବାଦପତ୍ର ଓ ଟିଭିରେ ଏ ସମ୍ପର୍କିତ ଖବରମାନ ପ୍ରକାଶ ପାଉଥିଲା। ଅଧିକନ୍ତୁ ବାଲୁକା ଶିଳ୍ପୀ ପଦ୍ମଶ୍ରୀ ସୁଦର୍ଶନ ପଟ୍ଟନାୟକ ଜୁନ୍ ୧୧,୨୦୨୦ ଦିନ ପୁରୀ ବେଳାଭୂମିରେ ବାଲିରେ ସବ୍ୟସାଚୀଙ୍କର ଏକ କମନୀୟ ପ୍ରତିରୂପ ଗଢ଼ି ତା’ ପାଖରେ ଲେଖିଥିଲେ Thank you Sabyasachi. ଏହି କଳାକୃତି ମାଧ୍ୟମରେ ବହୁ ଲୋକଙ୍କର ମନ କଥା ପ୍ରତିଫଳିତ ହୋଇଛି। ଏହା ହେଉଛି ସବ୍ୟସାଚୀଙ୍କ ପ୍ରତି ଏକ ବିଶେଷ ସମ୍ମାନ।

# ଲକ୍‌ଡାଉନ ପାଗଳ

ବଲାଙ୍ଗିର ଜିଲ୍ଲା ସଇଁତଳା ଅଞ୍ଚଳର ସାତଜଣ ଯୁବକ ଗୁଜୁରାଟର ମୁର୍ବି ନାମକ ସ୍ଥାନରେ ଏକ କମ୍ପାନୀରେ କାର୍ଯ୍ୟ କରି ଅର୍ଥ ଉପାର୍ଜନ କରୁଥିଲେ। କରୋନା ଆରମ୍ଭ ହେବାରୁ ଲକ୍‌ଡାଉନ୍, ସଟଡାଉନ୍ ହେଲା। କଳ କାରଖାନା ବନ୍ଦ ହୋଇଗଲା। ତେଣୁ ଏହି ବ୍ୟକ୍ତିମାନଙ୍କର ରୋଜଗାର ମଧ୍ୟ ବନ୍ଦ ହୋଇଗଲା। ଘରକୁ ମଧ୍ୟ ଫେରି ପାରିଲେ ନାହିଁ ଯେହେତୁ ଗାଡ଼ି ମଟର ଯାତାୟତ ବନ୍ଦ ଥିଲା। ବଡ଼ ଦୁଃଖରେ ଏବଂ ଅନିଶ୍ଚିତତା ମଧ୍ୟରେ କାଳାତିପାତ କରିବାକୁ ଲାଗିଲେ। ସେମାନଙ୍କ ମଧ୍ୟରେ ହାଡୁକୁମାର ନାମକ ଜଣେ ସାଥୀ ଥିଲେ। ସେ ପିଲାଙ୍କ ଚିନ୍ତା, ରୋଜଗାର ଚିନ୍ତା ଓ ଘରକୁ ଫେରି ନ ପାରିବାର ଚିନ୍ତାରେ ଏପରି ଆକ୍ରାନ୍ତ ହେଲେ ଯେ ଅଳ୍ପଦିନ ମଧ୍ୟରେ ବିଷାଦଗ୍ରସ୍ତ ହୋଇଗଲେ ଅର୍ଥାତ୍ ଡିପ୍ରେସନ୍‌କୁ ଚାଲିଗଲେ। ଏହା ବଢ଼ି ବଢ଼ି ତାଙ୍କ ନିକଟରେ ପାଗଳାମିର ଲକ୍ଷଣ ଦେଖାଦଲୋ। ସେ ସାଥୀମାନଙ୍କ ଉପରକୁ ହାତ ଉଠାଇଲେ କୌଣସି କାରଣ ନଥାଇ। ଘର ଛାଡ଼ି ଚାଲିଯାଇଥିଲେ କାହାକୁ କିଛି ନ ଜଣାଇ। ସାଥୀମାନେ ତାଙ୍କୁ ଖୋଜାଖୋଜି କରି ଆଣୁଥିଲେ। ବେଳେ ବେଳେ ଦେଖାଯାଉଥିଲା ସେ କେଉଁଠି ମାଡ଼ ଖାଇ (ବୋଧହୁଏ ପୋଲିସଠାରୁ) ତାଙ୍କ ଦେହରେ ନୋଳା ଫାଟିଯାଇଛି। ମାତ୍ର ଏହି ମାଡ଼ ଖାଇବା ବିଷୟରେ ସେ କିଛି ବି କହି ପାରୁନଥିଲେ। ତାଙ୍କୁ ସମ୍ଭାଳିବା ଅସମ୍ଭବ ହେବାରୁ ସାଥୀମାନେ ତାଙ୍କୁ ବାନ୍ଧିକରି ଏକ ଆଉଟ ହାଉସରେ ରଖିଲେ। ଦୁଇବେଳା ତାଙ୍କୁ ସେହିଠାରେ ଖାଇବାକୁ ଦିଅନ୍ତି। ପ୍ରବାସରେ ବିନା ରୋଜଗାରରେ ଅଟକିଥିବା ଦୁଃଖ ଉପରେ ହାଡୁକୁମାରର ପାଗଳାମି ପାଲଟିଲା ବୋଝ ଉପରେ ନଳିତା ବିଡ଼ା। କିପରି ଏହି ଦୁଃଖରୁ ମୁକ୍ତି ପାଇବେ ସେମାନେ ସେହି ଚିନ୍ତାରେ ଥିବାବେଳେ

ଜଣେ ବ୍ୟକ୍ତି ସେମାନଙ୍କୁ ସବ୍ୟସାଚୀଙ୍କ ମୋବାଇଲ ନମ୍ବର ଦେଇ କହିଲେ ସେ ସେମାନଙ୍କୁ ସାହାଯ୍ୟ କରିପାରନ୍ତି ।

ସେମାନେ ସବ୍ୟସାଚୀଙ୍କ ସଙ୍ଗେ ଯୋଗାଯୋଗ କଲେ । ଭିଡ଼ିଓ ମାଧ୍ୟମରେ ତାଙ୍କ ସାଥୀ ହାଡୁ ପାଗଳକୁ ଦେଖାଇଲେ । ସବ୍ୟସାଚୀ ଦେଖିଲେ ପାଗଳକୁ ଅତି ପ୍ରକିକୂଳ ଅବସ୍ଥାରେ ରଖାଯାଇଛି । ତା ମୁଣ୍ଡର କେଶ ଓ ମୁହଁର ଦାଢ଼ି ବଢ଼ିଯାଇଛି ଅଯତ୍ନ ଭାବରେ । ଜଣେ ବନ୍ଧପାଗଳର ରୂପ ଧାରଣ କରିଛି । ପାଗଳ ସହିତ ସେମାନଙ୍କୁ ଓଡ଼ିଶା ଆଣିବା ପାଇଁ ସେ ଚେଷ୍ଟାକଲେ । ଆଖପାଖରେ ଅଟକିଥିବା ଆଉ କେତେକ ଓଡ଼ିଆଙ୍କ ସହିତ ସେମାନେ ମିଶି ମୋଟ ୪୦ଜଣଙ୍କୁ ଓଡ଼ିଶା ଆଣିବା ପାଇଁ ଏକ ସ୍ୱତନ୍ତ୍ର ବସ୍ ଠିକ୍ ହେଲା । ଏହାର ଯାତ୍ରା ପାଇଁ ଯଥା ସ୍ଥାନରୁ ଅନୁମତି ଅଣାଗଲା । ବସ୍‌ରେ ବସି ସେମାନେ ଯେତେବେଳେ ଯାତ୍ରା ଆରମ୍ଭ କଲେ ସେତେବେଳେ ଭିଡ଼ିଓ ମାଧ୍ୟମରେ ହାଡୁ ପାଗଳକୁ ସବ୍ୟସାଚୀଙ୍କୁ ଦେଖାଇ ଥିଲେ । ତା ମୁଣ୍ଡର ବର୍ଦ୍ଧିତ କେଶ କଟାଯାଇଥିଲା । ସେ ମଧ୍ୟ ଦାଢ଼ି ଖିଅର ହୋଇଥିଲା । ଜଣାପଡୁଥିଲା ଯେପରି ସିଏ ପାଗଳାମି ମୁକ୍ତ । ଏତେ ବଡ଼ ପାଗଳାମି କ'ଣ ବିନା ଚିକିତ୍ସାରେ ଭଲ ହେବ ?

ସୁଦୀର୍ଘ ପଥ ଅତିକ୍ରମ କରି ବସ୍ ଆସି ବଲାଙ୍ଗିର ଜିଲ୍ଲା ଅନ୍ତର୍ଗତ ସଇଁତଳା ଗ୍ରାମରେ ପହଞ୍ଚିଲା । ସବ୍ୟସାଚୀଙ୍କ ନିର୍ଦ୍ଦେଶ ଅନୁଯାୟୀ ହାଡୁକୁମାରକୁ ଅଳ୍ପ ସମୟ ପାଇଁ ତାଙ୍କ ପରିବାର ଲୋକଙ୍କ ସଙ୍ଗେ ଦେଖା କରାଇ ତୁରନ୍ତ ତାଙ୍କୁ ଏକ କାରରେ ରାଞ୍ଚି ନିଆଯିବ । ତା'ସଙ୍ଗରେ ଜଣେ ସାଥୀ ଯିବେ । ସେଠାରେ ତା ପାଗଳାମିର ଚିକିତ୍ସା ହେବ । ସେହିପରି କରାଗଲା । ସୁଖର କଥା କିଛି ଦିନ ପରେ ହାଡୁକୁମାର ପାଗଳାମି ରୋଗରୁ ମୁକ୍ତ ହୋଇ ପୂର୍ବ ସାଧାରଣ ଅବସ୍ଥାକୁ ଫେରିଆସିଲା । ରାଞ୍ଚିରୁ ଫେରି ସେ ସଇଁତଳାରେ ଥିବା ନିଜ ଘରକୁ ଗଲା । କହିବା ବାହୁଲ୍ୟ ଉପର ଲିଖିତ ସମସ୍ତ କାର୍ଯ୍ୟର ବ୍ୟୟଭାର ବହନ କରିଥିଲେ ନିଜେ ସବ୍ୟସାଚୀ । ହାଡୁକୁମାରର ପାଗଳାମି ସମୟରେ ତା'ର ସାଥୀମାନେ ଯେ ତା ପ୍ରତି ଅବହେଳା ପ୍ରଦର୍ଶନ କରିନଥିଲେ ସେଥିପାଇଁ ସବ୍ୟସାଚୀ ସେମାନଙ୍କ କାର୍ଯ୍ୟକୁ ପ୍ରଶଂସା କରିଥିଲେ । ସେମାନେ ଏତେ ସହଜରେ ଘରକୁ ଫେରି ପାରିବେ ବୋଲି ବିଶ୍ୱାସ କରି ପାରୁନଥିଲେ । ଏହା ସବ୍ୟସାଚୀଙ୍କ ଲାଗି ସମ୍ଭବ ହୋଇଥିବାରୁ ସେମାନେ ତାଙ୍କ ନିକଟରେ କୃତଜ୍ଞତା ପ୍ରକାଶ କଲେ । ହାଡୁକୁମାର ପାଗଳାମିରୁ ମୁକ୍ତ ହୋଇ

ଘରକୁ ଫେରି ଆସିଥିବାରୁ ସେ ଓ ତାଙ୍କ ପରିବାର ଲୋକେ ସାହାଯ୍ୟକାରୀଙ୍କ ପ୍ରତି ଗଭୀର ଭାବରେ କୃତଜ୍ଞ ରହିଲେ। ଏହା ୨୦୨୦ ମସିହା ଅଗଷ୍ଟ ମାସରେ ଘଟିଥିଲା।

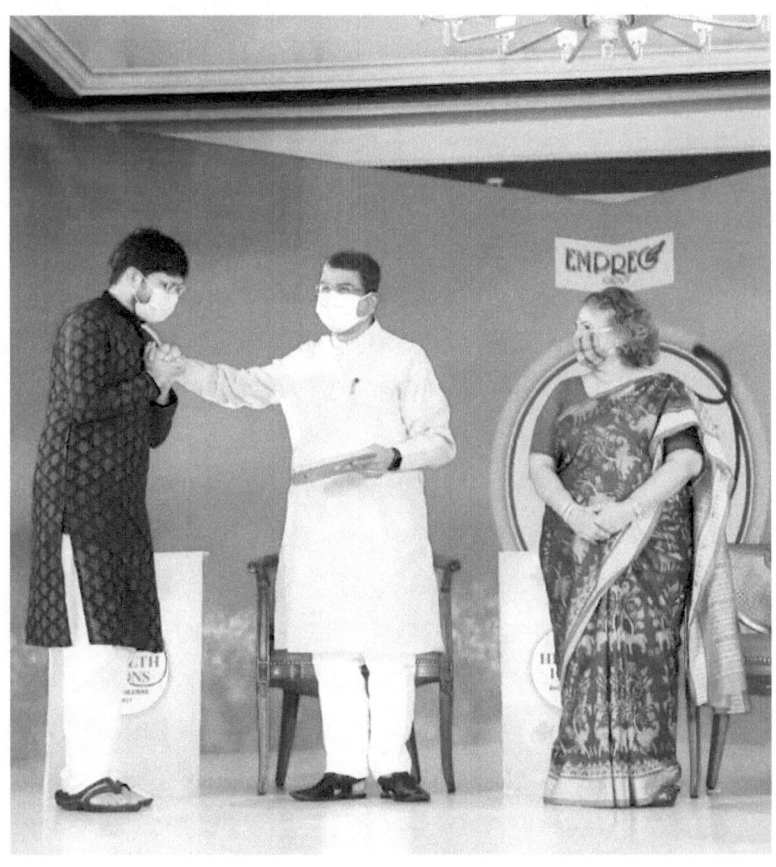

# ଭୋକିଲା ମୁଖରେ ଆହାର

କରୋନା ସଂକ୍ରମଣର ପ୍ରଥମ ପର୍ଯ୍ୟାୟରେ ଲକ୍‌ଡାଉନ୍, ସଟଡାଉନ ଲାଗୁ ହେବାରୁ କଳକାରଖାନା, ସ୍କୁଲ କଲେଜ, କୋର୍ଟକଚେରୀ ଓ କାର୍ଯ୍ୟାଳୟ ଏବଂ ଗାଡ଼ି ମଟରର ଯାତାୟାତ ବନ୍ଦ ହୋଇଗଲା। ଫଳରେ ବହୁ ଲୋକ ବିଶେଷକରି ପ୍ରବାସୀମାନେ ଘରକୁ ଫେରିନପାରି ଦୂର ଜାଗାରେ ଅଟକି ରହିଲେ ବିନା ରୋଜଗାରରେ। ସେତେବେଳେ ପ୍ରବାସୀମାନଙ୍କର ଘର ବାହୁଡ଼ା ଥିଲା ବଡ଼ ସମସ୍ୟା। ସେହି ସମସ୍ୟା ଘେରରୁ ଲୋକଙ୍କୁ ଉଦ୍ଧାର କରିବା ପାଇଁ ସବ୍ୟସାଚୀ ବହୁ ସାହାଯ୍ୟ କରିଛନ୍ତି। ଉକ୍ତ ସଂକ୍ରମଣର ଦ୍ୱିତୀୟ ପର୍ଯ୍ୟାୟରେ ନୂଆ ସମସ୍ୟା ଦେଖାଦେଲା। ଏହି ସମୟ ମଧ୍ୟରେ ସଂକ୍ରମଣ ଭୟଙ୍କର ରୂପ ଧାରଣ କଲା। ଘରେ ଘରେ କରୋନା ସଂକ୍ରମିତ ରୋଗୀ। ସେମାନଙ୍କ ପାଇଁ ବଜାର ସଉଦା କରିବା କିମ୍ବା ରାନ୍ଧିଦେବା ପାଇଁ କେହି ନାହାଁନ୍ତି। ତେଣୁ ସେମାନେ ଖାଇବେ କ'ଣ ? ବଞ୍ଚିବେ କିପରି ?

ଏହା ପୂର୍ବରୁ ସବ୍ୟସାଚୀ 'ସ୍ମାଇଲ୍ ପ୍ଲିଜ୍' ନାମକ ଏକ ସ୍ୱେଚ୍ଛାସେବୀ ଅନୁଷ୍ଠାନ ଗଢ଼ିଥିଲେ। ସେଥିରେ ଥିଲେ ପ୍ରାୟ ୪୦ରୁ ୫୦ଜଣ ସ୍ୱେଚ୍ଛାସେବୀ। ଉକ୍ତ ଖାଦ୍ୟ ସମସ୍ୟାରୁ ଲୋକଙ୍କୁ ଉଦ୍ଧାର କରିବା ପାଇଁ ସବ୍ୟସାଚୀଙ୍କ ନେତୃତ୍ୱରେ ସ୍ୱେଚ୍ଛାସେବୀମାନେ କାମରେ ଲାଗିଗଲେ। ସେମାନଙ୍କର କାର୍ଯ୍ୟ ପରିସର ଥିଲା ପୁରା ଭୁବନେଶ୍ୱର ମହାନଗର। ଭୁବନେଶ୍ୱରର ଗୋଟିଏ ହୋଟେଲ ସଙ୍ଗେ ଚୁକ୍ତି କରାଗଲା। ଥାଳି (ପୂରା ମିଲ୍) ଅନୁଯାୟୀ ମୂଲ୍ୟ ଧାର୍ଯ୍ୟ କରାଗଲା। ସେହି ହୋଟେଲକୁ କେନ୍ଦ୍ରରେ ରଖି ସ୍ୱେଚ୍ଛାସେବୀମାନେ ନଗରର ବିଭିନ୍ନ ଦିଗକୁ ମଟର ସାଇକେଲ ଓ କାରରେ ଯାଇ ଖାଦ୍ୟ ବିତରଣ କରନ୍ତି। ଚେଷ୍ଟାଥାଏ ଯେପରି ଯଥା

ସମୟରେ ଲୋକଙ୍କ ନିକଟରେ ଖାଦ୍ୟ ପହଞ୍ଚିବ। ଏହି କାମର ଘୋଷଣା ହେଲା ପରେ ବହୁ ଲୋକ ସେଥିପାଇଁ ପ୍ରାର୍ଥୀ ହେଲେ। ମାଗଣା ଖାଦ୍ୟର ଅପବ୍ୟବହାର ନ ହେବା ପାଇଁ ପ୍ରାର୍ଥୀଙ୍କଠାରୁ କରୋନା ଆକ୍ରାନ୍ତ ସାର୍ଟିଫିକେଟ୍ ମଗାଗଲା। ତଥାପି ରୋଗୀଙ୍କ ସଂଖ୍ୟା କିଛି କମ ନ ଥିଲା। ଏହି କାମଥିଲା ବହୁ ଶ୍ରମସାପେକ୍ଷ ଓ ପ୍ରଭୂତ ଅର୍ଥ ବ୍ୟୟକାରୀ। ସ୍ମାଇଲ୍ ପ୍ଲିଜ୍ ଓ ଆମେରିକାର 'ଓସା' (ଓଡ଼ିଶା ସୋସାଇଟି ଅଫ୍ ଆମେରିକା) ମିଳିତ ଭାବରେ ଖର୍ଚ୍ଚ ବହନ କରୁଥିଲେ। 'ସ୍ମାଇଲ୍ ପ୍ଲିଜ୍' ନାମରେ ଯେଉଁ ଅର୍ଥ ବ୍ୟୟ କରାଯାଏ ତାହା ବହନ କରନ୍ତି ନିଜେ ସବ୍ୟସାଚୀ। ଏହି କାର୍ଯ୍ୟ ଚାଲିଥିବା ମଝିରେ ଅର୍ଥାତ୍ ୨୦୨୧ ମେ ମାସରେ 'ୟାସ୍' ନାମକ ଏକ ବାତ୍ୟା ହେବାର ସମ୍ଭାବନା ଦେଖାଗଲା। ବାତ୍ୟା ସମୟରେ ଓ ଠିକ୍ ପରେ ଯାତାୟାତରେ ପ୍ରତିବନ୍ଧକ ଉପୁଜିବାର ଆଶଙ୍କା ଥିଲା। ତେଣୁ ବାତ୍ୟା ଆରମ୍ଭ ହେବାର ଅବ୍ୟବହିତ ପୂର୍ବରୁ ସ୍ୱେଚ୍ଛାସେବୀମାନେ ମଧ୍ୟାହ୍ନ ଭୋଜନ ସହିତ ରାତ୍ରି ଭୋଜନ ଏବଂ ପ୍ରାୟ ତିନିଦିନ ପାଇଁ ଶୁଖିଲା ଖାଦ୍ୟ ଦେଇ ଆସିଥିଲେ। ଏହା ଫଳରେ ବାତ୍ୟା କାରଣରୁ ରୋଗୀମାନେ ଓପାସ ରହିବେ ନାହିଁ, ତାହା ନିଶ୍ଚିତ କରାଯାଇଥିଲା। ରଜ ସମୟରେ ଖାଦ୍ୟ ସହିତ ରଜପାନ ଓ ରଜ-ପିଠା ସ୍ୱତନ୍ତ୍ର ପୁଡ଼ିଆରେ ଦିଆଯାଇଥିଲା। ଏହା ହିତାଧିକାରୀ ଓ ସ୍ୱେଚ୍ଛାସେବୀଙ୍କ ମଧ୍ୟରେ ହାର୍ଦ୍ଦିକ ସମ୍ପର୍କକୁ ସୁଦୃଢ଼ କରିବାରେ ସାହାଯ୍ୟ କରିଥିଲା।

ତମାଣ୍ଡୋ ଅଞ୍ଚଳରୁ ଫୋନ୍ ଯୋଗେ ଖାଦ୍ୟ ସାହାଯ୍ୟ ପାଇଁ ଏକ ଅନୁରୋଧ ଆସିଲା। ଏହା ଭୁବନେଶ୍ୱରର ମୁଖ୍ୟ ସହର ସୀମା ବାହାରେ ଥିବାରୁ ଜଣେ ସ୍ୱେଚ୍ଛାସେବୀ ଖାଦ୍ୟ ସାହାଯ୍ୟ ଦେବା ସମ୍ଭବ ନୁହେଁ ବୋଲି ଜଣାଇ ଦେଲେ। ଏ କଥା ସବ୍ୟସାଚୀଙ୍କ ଦୃଷ୍ଟିକୁ ଆସିବାରୁ ସେ ଖାଦ୍ୟ ପ୍ରାର୍ଥୀଙ୍କ ସହିତ ଯୋଗାଯୋଗ କଲେ। ଜଣାପଡ଼ିଲା ଯେ ତାଙ୍କ ଘରେ ତିନିଜଣ ବ୍ୟକ୍ତି ରହନ୍ତି। ସେମାନେ ପ୍ରୌଢ଼ ବାପା ମା ଓ ଜଣେ ପୁଅ। ତିନିହେଁ କରୋନା ଆକ୍ରାନ୍ତ। ସବ୍ୟସାଚୀ ଅନୁଭବ କଲେ ଖାଦ୍ୟ ସାହାଯ୍ୟ ପାଇଁ ସେମାନେ ଉପଯୁକ୍ତ ପାତ୍ର। ତେଣୁ ସେମାନଙ୍କ ନିକଟରେ ଖାଦ୍ୟ ପହଞ୍ଚାଇବା ପାଇଁ ସେ ସ୍ୱତନ୍ତ୍ର ବ୍ୟବସ୍ଥା କଲେ। ଯେଉଁ ଘରେ କିଛି ଲୋକ କରୋନା ସଂକ୍ରମିତ ଓ ଅନ୍ୟ ସଭ୍ୟମାନେ ସେଥିରୁ ମୁକ୍ତ ଥିଲେ ମଧ୍ୟ ଖାଦ୍ୟ ଯୋଗାଡ଼ କରିବାକୁ ଅସମର୍ଥ ସେପରି ସ୍ଥଳେ ଘରର ସମସ୍ତ ସଦସ୍ୟଙ୍କ ପାଇଁ ଖାଦ୍ୟ ଯୋଗାଇ ଦିଆଯାଏ। ଏହା ବ୍ୟତୀତ ଯେଉଁମାନଙ୍କର ଔଷଧ ଦରକାର କିମ୍ବା

ଅକ୍ସିଜେନ୍ ସିଲିଣ୍ଡର ଆବଶ୍ୟକ ସେମାନଙ୍କୁ ସେ ସବୁ ପଦାର୍ଥ ସାହାଯ୍ୟ ଆକାରରେ ଯୋଗାଇ ଦିଆ ଯାଉଥିଲା ।

ବେଳେବେଳେ ଖାଦ୍ୟ ପହଞ୍ଚାଇବାରେ ବିଳମ୍ବ ହେଲେ, ଖାଦ୍ୟର ସ୍ୱାଦ ଭଲ ନ ଲାଗିଲେ ଇତ୍ୟାଦି ବିଭିନ୍ନ କାରଣରୁ ହିତାଧିକାରୀ ଅପ୍ରୀତିକର ପ୍ରତିକ୍ରିୟା ପ୍ରକାଶ କରନ୍ତି । ଏପରି ସ୍ଥଳେ ବିରକ୍ତି ଭାବ ନ ଦେଖାଇ ଶାନ୍ତ ରହିବାକୁ ସବ୍ୟସାଚୀ ସ୍ୱେଚ୍ଛାସେବୀମାନଙ୍କୁ କହିଥାଆନ୍ତି । ତାଙ୍କୁ ବଳେଇଲେ ସେ ସବ୍ୟସାଚୀଙ୍କୁ ଜଣାଇବା ପାଇଁ ନିର୍ଦ୍ଦେଶ ଥାଏ । ତା'ପରେ ସବ୍ୟସାଚୀ ହିତାଧିକାରୀଙ୍କ ସଙ୍ଗେ କଥା ହେବେ । ଥରେ ଏପରି ହେଲା ଯେ ଜଣଙ୍କ ଘରେ ତିନିଜଣ ବ୍ୟକ୍ତି ଥିବା ସ୍ଥଳେ ଖାଦ୍ୟ ପୁଡ଼ିଆ ହୋଟେଲ ବାଲା ଭୁଲକ୍ରମେ ଦେଇଛି ଜଣଙ୍କ ପାଇଁ । ଏହା ଥିଲା ସେ ଦିନର ଶେଷ ଘର । ହିତାଧିକାରୀ ବିରକ୍ତି ପ୍ରକାଶ କଲେ । ଆଉ ଦୁଇଜଣଙ୍କ ପାଇଁ ଖାଦ୍ୟ ପୁଡ଼ିଆ କେଉଁଠୁ ଆସିବ ? ସବ୍ୟସାଚୀ ଏହି ସମସ୍ୟା ଜାଣିବା ପରେ ନିଜ ଘର ରୋଷେଇରୁ ଦୁଇଜଣଙ୍କ ପାଇଁ ଖାଦ୍ୟ ପୁଡ଼ିଆ ତିଆରି କରି ନିଜେ ଯାଇ ଦେଇଆସିଲେ । ସବ୍ୟସାଚୀଙ୍କର ଏହି କାର୍ଯ୍ୟ ହିତାଧିକାରୀଙ୍କୁ ବେଶ୍ ଖୁସି କରିଥିଲା ଏବଂ ସେ ତାଙ୍କୁ କୃତଜ୍ଞତା ଜଣାଇଥିଲେ ।

କିଛିଲୋକ ଅଭିଯୋଗ କରନ୍ତି ଯେ ଖାଦ୍ୟ ସୁଆଦିଆ ହେଉନାହିଁ । ସବ୍ୟସାଚୀଙ୍କ କହିବା ଅନୁଯାୟୀ ସ୍ୱେଚ୍ଛାସେବୀମାନେ ଅଭିଯୋଗକାରୀଙ୍କୁ ବୁଝାଇ ଦିଅନ୍ତି- କରୋନା ଥିବାରୁ ଆପଣ ସ୍ୱାଦ ଜାଣିପାରୁ ନାହାଁନ୍ତି । ଯେବେ ସ୍ୱାଦ ଜାଣିପାରିବେ ସେବେ ଭାବିବେ ଆପଣ କରୋନାମୁକ୍ତ ହେଲେଣି । ବର୍ତ୍ତମାନ ସେହି ଖାଦ୍ୟ ଖାଇଦିଅନ୍ତୁ ।

ଭୁବନେଶ୍ୱର ସୀମା ବାହାରେ ତମାଣ୍ଡୋ ଅଞ୍ଚଳର ଯେଉଁ କରୋନା ଆକ୍ରାନ୍ତ ପରିବାରକୁ ସ୍ୱତନ୍ତ୍ର ଭାବେ ଖାଦ୍ୟ ସାହାଯ୍ୟ ଯୋଗାଇ ଦିଆଯାଉଥିଲା କେତେଦିନ ପରେ ସେ ଘରର ମା'ଙ୍କର ମୃତ୍ୟୁ ହୋଇଗଲା । ପରବର୍ତ୍ତୀ ସମୟରେ ଅର୍ଥାତ୍ କରୋନା ମହାମାରୀ ଅପସରି ଗଲା ପରେ ଓସା (ଓଡ଼ିଶା ସୋସାଇଟି ଅଫ୍ ଆମେରିକା)ଙ୍କ ନିମନ୍ତ୍ରଣ କ୍ରମେ ଓଡ଼ିଶାର ଏକ କ୍ଷୁଦ୍ର କଳାକାର ଦଳ ଆମେରିକା ଯାଇଥିଲେ । ୨୦୨୩ ମସିହା ଜୁନ୍ ମାସରେ । ସେମାନଙ୍କ ମଧ୍ୟରେ ସବ୍ୟସାଚୀ ଥିଲେ ଅନ୍ୟତମ । ସେମାନେ ପ୍ରଥମେ କାଲିଫର୍ଣ୍ଣିଆରେ ପହଞ୍ଚିଲେ । ସେମାନଙ୍କୁ ସ୍ୱାଗତ କରିବା ପାଇଁ ଯେଉଁ ଆମେରିକୀୟ ଓଡ଼ିଆମାନେ କାର୍ଯ୍ୟରେ ଲାଗିଥିଲେ

ସେମାନଙ୍କ ମଧ୍ୟରୁ ଜଣେ ସବ୍ୟସାଚୀଙ୍କୁ କିଛି କହିବାକୁ ଚାହୁଁଥିଲେ। ତାହା ତାଙ୍କ ହାବଭାବରୁ ଜାଣି ହେଉଥିଲା। ମାତ୍ର ସେ ତାହା ପ୍ରକାଶ କରିପାରୁନଥିଲେ। ଏକଦା ସବ୍ୟସାଚୀଙ୍କୁ ଏକାନ୍ତରେ ପାଇ ନିଜ ହୃଦୟର ଭାବ ଖୋଲିଦେଲେ। ଯେଉଁ ମା'ଙ୍କର ମୃତ୍ୟୁ ହୋଇଥିବା କଥା ଉପରେ ଉଲ୍ଲେଖ କରାଯାଇଛି ଏହି ବ୍ୟକ୍ତି ହେଉଛନ୍ତି ସେହି ମା'ଙ୍କର ପୁତ୍ର। ଲୋତକାପ୍ଲୁତ ନୟନ ସହିତ କୃତଜ୍ଞତା ଭିଜା କଣ୍ଠରେ ସେ କହିଲେ, "କରୋନା ସମୟରେ ଭାରତକୁ ଯିବାକୁ କେତେ ଚେଷ୍ଟା କରିଛି। ମାତ୍ର ବିମାନ ଯାତ୍ରା ବନ୍ଦ ଥିବାରୁ ତାହା ସମ୍ଭବ ହୋଇ ପାରିଲା ନାହିଁ। ମୁଁ ମୋ ପରିବାର ପାଇଁ ଯାହା କରିଥାଆନ୍ତି, ତାହା ଆପଣ କରିଛନ୍ତି। ମୋ ମା'ଙ୍କ ଦେହାନ୍ତ ହୋଇଗଲା। ମାତ୍ର ମୃତ୍ୟୁ ପର୍ଯ୍ୟନ୍ତ ସେ ଯେ ଆପଣଙ୍କ ଲାଗି ଖାଇବାକୁ ପାଇଛନ୍ତି, ତାହାହିଁ ମୋର ସାନ୍ତ୍ୱନା। ଆପଣଙ୍କର ଏ ଋଣ ମୁଁ କେବେ ବି ଶୁଝି ପାରିବି ନାହିଁ। ସେବା ପାଇଁ ସେବା କରାଯାଏ। ତାହା କୌଣସି ସ୍ୱୀକୃତି ବା କୃତଜ୍ଞତାର ଅପେକ୍ଷା ରଖେ ନାହିଁ। ତଥାପି ବେଳେବେଳେ କୃତଜ୍ଞତାର ସ୍ପର୍ଶ ମିଳେ ଓ ସେବକକୁ ଅନୁପ୍ରେରିତ କରେ।

ଖାଦ୍ୟ ଯୋଗାଣର ଏହି ବିରାଟ କାର୍ଯ୍ୟକୁ ସୁଚାରୁ ରୂପେ ସମ୍ପାଦନ କରି ସବ୍ୟସାଚୀ ଓ ତାଙ୍କ ସ୍ୱେଚ୍ଛାସେବୀ ଦଳ ଲୋକଙ୍କର ପ୍ରଶଂସା, ସ୍ନେହ ଓ ଆଶୀର୍ବାଦଭାଜନ ହୋଇପାରିଥିଲେ।

■

# ସ୍ମାଇଲ ଫୋର୍ସ (ହାସ୍ୟ ବାହିନୀ)

ସବ୍ୟସାଚୀଙ୍କର ସମାଜସେବା କେବଳ ବ୍ୟକ୍ତିଗତ ସ୍ତରରେ ସୀମିତ ନୁହେଁ। ଏଥିପାଇଁ ସେ ଏକ ସ୍ୱେଚ୍ଛାସେବୀ ଦଳ ଗଢ଼ିଛନ୍ତି। ତାର ନାମ ଦେଇଛନ୍ତି 'ସ୍ମାଇଲ୍ ଫୋର୍ସ' (ହାସ୍ୟ ବାହିନୀ)। କାରଣ ସେମାନେ ଦୁଃସ୍ଥଜନଙ୍କ ନିକଟରେ ଆନନ୍ଦ ପହଞ୍ଚାଇବେ। ସେମାନଙ୍କ ମୁହଁରେ ହସ ଫୁଟାଇବେ। ତାଙ୍କଦ୍ୱାରା ଅନୁପ୍ରାଣିତ ହୋଇ ବହୁ ଲୋକ ସେ ଦଳରେ ଯୋଗ ଦେଇଛନ୍ତି। ସଦସ୍ୟମାନଙ୍କ ସଂଖ୍ୟା ଏତେ ବେଶି ଯେ ଯେପରି ଗୋଟିଏ କ୍ଷୁଦ୍ର ରାଷ୍ଟ୍ରର ସୁରକ୍ଷା ବାହିନୀ। ସେମାନଙ୍କର ମୋଟ ସଂଖ୍ୟା ୨୬,୦୦୦। ଓଡ଼ିଶା, ଭାରତ, ଅନ୍ୟାନ୍ୟ ପ୍ରାନ୍ତ ଓ ଭାରତ ବାହାରେ ରହୁଥିବା ଓଡ଼ିଆମାନେ ସ୍ୱେଚ୍ଛାସେବୀ ଦଳରେ ଯୋଗ ଦେଇଛନ୍ତି। ସବ୍ୟସାଚୀ ସୋସିଆଲ୍ ମିଡ଼ିଆରେ ଏଥିପାଇଁ ଦରଖାସ୍ତ ଆହ୍ୱାନ କରିଥିଲେ। ବିପୁଳ ସଂଖ୍ୟକ ବ୍ୟକ୍ତି ପ୍ରାର୍ଥୀ ହୋଇଥିଲେ। ସେମାନଙ୍କ ସଂଖ୍ୟା ଥିଲା ପ୍ରାୟ, ୩୦,୦୦୦। ସେଥିରୁ ନାବାଳକମାନଙ୍କୁ ବାଦଦେଇ ୨୬,୦୦୦ ସାବାଳକ ବ୍ୟକ୍ତିଙ୍କୁ ତାଲିକାଭୁକ୍ତ କରାଯାଇଥିଲା। ବହୁ ଲୋକଙ୍କର ସେବା ମନୋବୃତ୍ତି ରହିଛି। ସେମାନଙ୍କୁ କାମରେ ଲଗାଇବା ପାଇଁ ଆବଶ୍ୟକ ଏକ ବିଶ୍ୱାସଯୋଗ୍ୟ ନେତୃତ୍ୱ। କୁହାଯାଇପାରେ ସବ୍ୟସାଚୀ ବର୍ତ୍ତମାନ ଏକ ବିରାଟ ସ୍ୱେଚ୍ଛାସେବୀ ବାହିନୀର ମାର୍ଗ ଦର୍ଶକ। ସେ ସେବା କରୁଛନ୍ତି ଓ କରାଉଛନ୍ତି। ସଂପ୍ରତି ସବ୍ୟସାଚୀଙ୍କ ସମାଜ ସେବାର ଦିଗନ୍ତ ବିସ୍ତାରିତ ହୋଇଛି। ମନେହେଉଛି ସତେ ଯେପରି ସେ ଚତୁର୍ଦ୍ଦିଗରେ ସମାଜସେବାର ଏକ ପ୍ଲାବନ ସୃଷ୍ଟି କରିଛନ୍ତି।

■

# ମେଡିସିନ ଡେଲଭରି ଗ୍ରୁପ୍

କୋଭିଡ୍ ମହାମାରୀ ସମୟରେ ଯାତାୟାତ ବନ୍ଦ ହୋଇଗଲା । ଲୋକେ ମଧ୍ୟ କୋଭିଡ୍ ଭୟରେ ବାହାରକୁ ବାହାରିବାକୁ ଡରିଲେ । ଏହି ପରିସ୍ଥିତିରେ ନିୟମିତ ଔଷଧ ସେବନ କରୁଥିବା ଅସୁସ୍ଥ ଲୋମାନଙ୍କର ଔଷଧ ସଂଗ୍ରହ କରିବାରେ ସମସ୍ୟା ଦେଖାଗଲା । ଡାଏବେଟିସ୍, ବ୍ଲଡପ୍ରେସର ଓ କ୍ୟାନ୍ସର୍ ପରି ରୋଗୀମାନଙ୍କ ନିକଟରେ ପନ୍ଦର, କୋଡ଼ିଏ ଦିନର ଔଷଧ ଥାଏ କିମ୍ବା ସରିଯାଇଥାଏ । ଅତିବେଶୀରେ ମାସକଠାରୁ ଅଧିକ ସମୟ ପାଇଁ କାହା ପାଖରେ ଔଷଧ ନଥାଏ । ଏପରିସ୍ଥଳେ ସେମାନଙ୍କ ଔଷଧ ସେବନ କିପରି ନିରନ୍ତର ଚାଲିପାରିବ ଏହି ସମସ୍ୟାର ସମାଧାନ ପାଇଁ ସବ୍ୟସାଚୀ ଓ ତାଙ୍କର ସ୍ୱେଚ୍ଛାସେବୀ ସାଥୀମାନେ ସୋସିଆଲ୍ ମିଡ଼ିଆରେ ଘୋଷଣା କଲେ- ଯାହାର ଯେଉଁ ଔଷଧ ଦରକାର ତାହା ସେମାନଙ୍କୁ ଜଣାଇଲେ ସେମାନେ ଯଥାସ୍ଥାନରେ ତାହା ପହଞ୍ଚାଇ ଦେବେ । ଏହାପରେ ସେଥିପାଇଁ ବହୁ ଅନୁରୋଧ ଆସିଲା । ଔଷଧ କିଣାଗଲା କିନ୍ତୁ ତାହା ପଠାଯିବ କିପରି ? ଯିବା ଆସିବାରେ ବହୁ ପ୍ରତିବନ୍ଧକ ଥାଏ । ଏଥିପାଇଁ ସବ୍ୟସାଚୀ ପୁଲିସ୍ ବିଭାଗର ସାହାଯ୍ୟ ନେଲେ । ପୁଲିସ୍ ପେଟ୍ରୋଲିଂ ଭ୍ୟାନ୍ ସହରସାରା ବୁଲୁଥାଏ । ତେଣୁ ସେହି ଭ୍ୟାନ୍ ସାହାଯ୍ୟରେ ଔଷଧମାନ ଯଥାସ୍ଥାନରେ ପହଞ୍ଚାଇ ଦିଆଯାଇ ପାରୁଥିଲା । ପୁଲିସ୍ ବିଭାଗର ଏହି ସହଯୋଗ ସ୍ୱାଗତଯୋଗ୍ୟ । ମନ ଦୃଢ଼ ଓ ଉଦ୍ଦେଶ୍ୟ ମହତ୍ ଥିଲେ କୌଣସି କାର୍ଯ୍ୟ ଅଟକି ଯାଏନାହିଁ । ଇଚ୍ଛା ଥିଲେ ଉପାୟ ଆପେ ଆପେ ଆସେ । ଗରିବ ଲୋକଙ୍କ କ୍ଷେତ୍ରରେ ସବ୍ୟସାଚୀ ନିଜ ଖର୍ଚ୍ଚରେ ଔଷଧ କିଣି ଯୋଗାଇ ଦିଅନ୍ତି । ଏହି ସେବାଟି କେବଳ ଭୁବନେଶ୍ୱର ନଗରରେ

ସୀମିତ ଥିଲା। ସାଧାରଣତଃ ଲୋକମାନେ ନିଜ ଜଞ୍ଜାଳରେ ବ୍ୟସ୍ତ। ଅନ୍ୟର ଭଲ ମନ୍ଦ ଭାବିବାକୁ ସେମାନଙ୍କ ନିକଟରେ ସମୟ ନଥାଏ। ଅନ୍ୟର ଅସୁବିଧା ବିଷୟ ହୃଦୟଙ୍ଗମ କରି ସାହାଯ୍ୟର ହାତ ବଢ଼ାଇବା ଏକ ବିରଳ ଘଟଣା। ଯିଏ ସେପରି କରିପାରନ୍ତି ତାଙ୍କୁ କୁହାଯାଏ ସମାଜସେବୀ। ସେହି ସେବାର ମହତ୍ତ୍ୱ ହେଉଛି ତାହା ନିଃସ୍ୱାର୍ଥପର, ସେବାପାଇଁ ସେବା।

# ଅକ୍ସିଜେନ୍ ଆଶ୍ରୟ ସ୍ଥଳ

କୋଭିଡ଼ ମହାମାରୀର ଦ୍ୱିତୀୟ ପର୍ଯ୍ୟାୟରେ ଅକ୍ସିଜେନ୍‌ର ଅଧିକ ଆବଶ୍ୟକତା ପଡ଼ିଲା । କ୍ରମେ ଏହାର ଅଭାବ ଆରମ୍ଭ ହେବା ପରିଲକ୍ଷିତ ହେଲା । ଜଣେ ରୋଗୀକୁ ଚିକିତ୍ସାଳୟ ଖଟରେ ଶୁଆଇ ଏକ ଡାକ୍ତରଙ୍କ ଦ୍ୱାରା ତାଙ୍କୁ ଅକ୍ସିଜେନ୍ ଦିଆଯାଇ ପାରିବ । ଯଥା ସମୟରେ ଏ ସୁବିଧା ନ ପାଇ ବିଳମ୍ବ ହେଲେ କୋଭିଡ଼ ରୋଗୀକୁ ହାଇପୋକ୍‌ସିଆ ନାମକ ଅନ୍ୟ ଏକ ରୋଗ ଆକ୍ରମଣ କରେ । ଏଥିରେ ମସ୍ତିଷ୍କ ମୃତ୍ୟୁ ବା ରୋଗୀର ମୃତ୍ୟୁ ହୋଇପାରେ । ହସ୍‌ପିଟାଲ ବେଡ୍ ପାଇବା ବିଷୟରେ ସବ୍ୟସାଚୀଙ୍କୁ ଅନେକ ଫୋନ ଆସେ । କିଏ ପଚାରେ କଣ କଲେ ବେଡ୍ ମିଳିବ ? କିଏ ପଚାରେ କେଉଁ ହସ୍‌ପିଟାଲରେ ବେଡ୍ ଖାଲି ଅଛି ? ଇତ୍ୟାଦି । ଲୋକଙ୍କ ବ୍ୟାକୁଳତା ସବ୍ୟସାଚୀ ହୃଦୟଙ୍ଗମ କରିପାରିଲେ । ଯେଉଁ ସମୟରେ ବେଡ୍ ଆବଶ୍ୟକ ଓ ଯେବେ ଏହା ମିଳିବ ସେହି ମଧ୍ୟବର୍ତ୍ତୀ ସମୟରେ ରୋଗୀକୁ ଅକ୍ସିଜେନ୍ ଚିକିତ୍ସା ଜରୁରୀ । ଏଥିପାଇଁ ସବ୍ୟସାଚୀ ଓ ତାଙ୍କର ସ୍ମାଇଲ୍ ଫୋର୍ସର କେତେକ ସ୍ୱେଚ୍ଛାସେବୀ ମିଶି ଭୁବନେଶ୍ୱରରେ ଏକ ଅକ୍ସିଜେନ୍ ଆଶ୍ରୟ ସ୍ଥଳ ସ୍ଥାପନ କଲେ । ଏହାର ଅବସ୍ଥିତି ଥିଲା କ୍ରିଷ୍ଣା କଲ୍ୟାଣ ମଣ୍ଡପ, ପଟିଆରେ । ସେତେବେଳେ କୋଭିଡ୍ ଲାଗି ବିବାହ, ବ୍ରତ ଇତ୍ୟାଦି ଭୋଜି ବନ୍ଦଥିବାରୁ କଲ୍ୟାଣ ମଣ୍ଡପ ଖାଲି ଥିଲା । ତା'ର ମାଲିକ ମାଗଣାରେ ମଣ୍ଡପ ଛାଡ଼ି ଦେଇଥିଲେ । ସେଠାରେ ରୋଗୀମାନଙ୍କ ପାଇଁ ଖଟିଆ ବ୍ୟବସ୍ଥା ହୋଇଥିଲା । ମେଡ଼ିକାଲ ସିଟ୍ ଅପେକ୍ଷାରେ ଥିବା ରୋଗୀମାନଙ୍କୁ ସେହି ଆଶ୍ରୟସ୍ଥଳରେ ରଖାଯାଇ ସେମାନଙ୍କୁ ଅକ୍ସିଜେନ୍ ଦିଆ ଯାଇଥିଲା । ସେଠାରେ ଥିବା ରୋଗୀମାନଙ୍କୁ ଖାଦ୍ୟପେୟ ମଧ୍ୟ ବିନା ମୂଲ୍ୟରେ ଯୋଗାଇ ଦିଆଯାଇଥିଲା । ଡାକ୍ତରୀ ସାହାଯ୍ୟ ଯୋଗାଇ ଦେଇଥିଲେ ସ୍ପର୍ଶ ହସ୍‌ପିଟାଲ ।

ସେହି ହସ୍‌ପିଟାଲ୍ ଡାକ୍ତର ଓ ନର୍ସମାନେ ବିନା ପାରିଶ୍ରମିକରେ ଏହି ସେବା ପ୍ରଦାନ କରୁଥିଲେ। ମଧ୍ୟବର୍ତ୍ତୀକାଳୀନ ସେବା ଭୁବନେଶ୍ୱର ବ୍ୟତୀତ ବ୍ରହ୍ମପୁର, ସମ୍ବଲପୁର ଓ ଟିଟିଲାଗଡ଼ରେ ମଧ୍ୟ ଯୋଗାଇ ଦେବାର ବ୍ୟବସ୍ଥା କରାଯାଇଥିଲା। ସେହି ସ୍ଥାନମାନଙ୍କରେ ବିଭିନ୍ନ ଅନୁଷ୍ଠାନ ସହଯୋଗ କରିଥିଲେ। ବ୍ରହ୍ମପୁର ଓ ସମ୍ବଲପୁରରେ ସହଯୋଗୀ ଥିଲେ ସ୍ଥାନୀୟ ରୋଟାରୀ କ୍ଲବମାନ। ଟିଟିଲାଗଡ଼ରେ ସହଯୋଗୀ ଥିଲେ ସ୍ଥାନୀୟ ଲାୟନସ୍ କ୍ଲବ୍।

ଅକ୍ସିଜେନ୍ ସେବାପାଇଁ ଏହାର ପୋର୍ଟେବଲ୍ ସିଲିଣ୍ଡରମାନ ଯୋଗାଇ ଦେଇଥିଲେ ଆମେରିକାର ଓଡ଼ିଆ ଡାକ୍ତର ଆସୋସିଏସନ୍। ମେଡ଼ିକେୟାର ନାମକ ଏକ କମ୍ପାନୀ ଏହି ସିଲିଣ୍ଡରଗୁଡ଼ିକୁ ଟ୍ରକ୍‌ରେ ଆଣି ପହଞ୍ଚାଇ ଥିଲେ। ସେଥିରେ ଆହୁରି ଛୋଟ ଅକ୍ସିଜେନ ସିଲିଣ୍ଡର ମଧ୍ୟ ଥିଲା। ଏହି ସବୁ ସିଲିଣ୍ଡର୍ ଗୁଡ଼ିକୁ ଭାରତରୁହିଁ ସଂଗ୍ରହ କରାଯାଇଥିଲା। ତା'ର ମୋଟ ମୂଲ୍ୟ ଥିଲା ପ୍ରାୟ ଷୋହଳ ଲକ୍ଷରୁ କୋଡ଼ିଏ ଲକ୍ଷ ପର୍ଯ୍ୟନ୍ତ। ଏ ଅର୍ଥ ସବ୍ୟସାଚୀଙ୍କ ନିକଟକୁ ଆସି ନଥିଲା। ଆମେରିକାର ଓଡ଼ିଆ ଡାକ୍ତର ଆସୋସିଏସନ୍ ତରଫରୁ ସିଧା କିଣାଯାଇଥିଲା। ସେମାନଙ୍କର ଏହି ବୃହତ୍ ବଦାନ୍ୟତା ଅତୀବ ପ୍ରଶଂସନୀୟ। ଏହି ସିଲିଣ୍ଡର୍ ମଧ୍ୟରୁ ବ୍ରହ୍ମପୁର ଓ ସମ୍ବଲପୁରକୁ ଚାଳିଶଟି ଲେଖାଏଁ ଏବଂ ଟିଟିଲାଗଡ଼କୁ ତିରିଶ୍‌ଟି ସିଲିଣ୍ଡର ଯୋଗାଇ ଦିଆଯାଉଥିଲା। ସବ୍ୟସାଚୀଙ୍କୁ କୋଭିଡ୍ ରୋଗୀଙ୍କ ପାଇଁ ଡାକ୍ତରଖାନା ବେଡ୍ ଯୋଗାଡ଼ କରିବାପାଇଁ ବେଳେବେଳେ ଅନୁରୋଧ ଆସେ। ଯଦି ଯୋଗାଡ଼ରେ ବିଳମ୍ବ ହେଲା ତାହା ରୋଗୀଙ୍କ ଲୋକଙ୍କୁ ଜଣାଇଲା ବେଳେ ସମୟେ ସମୟେ ସେପଟୁ ଦୁଃଖଦ ଖବର ଆସେ। ରାଗ ଅଭିମାନଭରା କଣ୍ଠରେ ଶୁଣାଯାଏ ଆଉ କାହିଁକି ଫୋନ୍ କରୁଛନ୍ତି ? ରୋଗୀ ଚାଲିଗଲେଣି। ପ୍ରକୃତରେ ଅବସ୍ଥା ଅଣାୟତ୍ତ ସ୍ତରକୁ ଆସି ଯାଇଥିଲା।

ଏପରି ମଧ୍ୟ ଘଟେ, ଡାକ୍ତରଖାନାରୁ ଛାଡ଼ପାଇ ଘରକୁ ଆସିଥିବା ରୋଗୀର ମଧ୍ୟ ଅଧିକ ଅକ୍ସିଜେନ୍ ଆବଶ୍ୟକ ପଡ଼େ ଏବଂ ଘରେ ସେଥିପାଇଁ ବ୍ୟବସ୍ଥା କରିବାକୁ ପଡ଼େ। ସେପରି କ୍ଷେତ୍ରରେ ସ୍ୱେଚ୍ଛାସେବକମାନେ ଛୋଟ ଅକ୍ସିଜେନ୍ ସିଲିଣ୍ଡର ମାନ ନିଜେ ନେଇ ଯଥାସ୍ଥାନରେ ଦେଇ ଆସନ୍ତି। ବିଶେଷକରି ପ୍ରୀତମ ନାମକ ଜଣେ ସ୍ୱେଚ୍ଛାସେବୀ ଓ ତାଙ୍କ ପନ୍ଦରଜଣିଆ ଦଳ ଏହି କାର୍ଯ୍ୟ ତୁଲାଉଥିଲେ। ସିଲିଣ୍ଡର କାମ ସରିଲେ ସେମାନେ ଖାଲି ସିଲିଣ୍ଡର୍ ଫେରାଇ ଆଣନ୍ତି। ଏପରି

ସେବା ଭୁବନେଶ୍ୱର, ପୁରୀ ଓ କଟକ ସହର ମାନଙ୍କରେ ପହଞ୍ଚାଯାଇ ପାରିଥିଲା । ଅକ୍ସିଜେନ୍ ଆଶ୍ରୟସ୍ଥଳରେ ଯେଉଁ ସେବା ଯୋଗାଇ ଦିଆଯାଏ ତାହାର ନାମକରଣ ହୋଇଥିଲା ଅମୃତଧାରା । ଏଥିରେ ରୋଗୀଙ୍କ ଘରକୁ ଆମ୍ବୁଲାନ୍ସ ପଠାଇ ସେମାନଙ୍କୁ ଅଣାଯାଉଥିଲା । ଏହି ଅମୃତଧାରା ସେବା ହୋଇଥିଲା ଅଧିକ ଲୋକପ୍ରିୟ ।

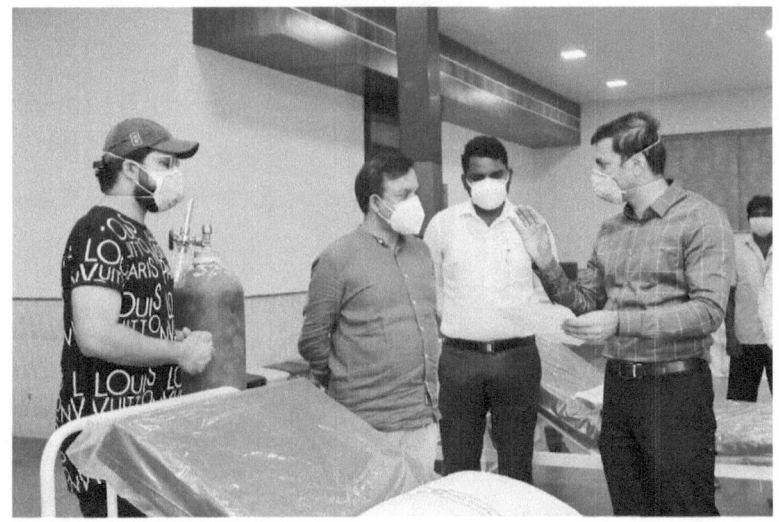

# ଟେଲି ମେଡ଼ିସିନ୍ ଗ୍ରୁପ୍

କୋଭିଡ୍ ମହାମାରୀ ସମୟରେ ବ୍ୟକ୍ତିଗତ ସମସ୍ୟା ସହିତ ସାଧାରଣ ସମସ୍ୟା ମଧ୍ୟ ଥାଏ । ବିଭିନ୍ନ ସମୟରେ ଲୋକେ ଡାକ୍ତରଙ୍କ ପରାମର୍ଶ ଆବଶ୍ୟକ କରନ୍ତି । କିନ୍ତୁ ସେଥିପାଇଁ ଡାକ୍ତରଖାନା ଯିବା ମଧ୍ୟ ସମ୍ଭବ ନ ଥିଲା ଯେହେତୁ ସେତେବେଳେ ଲକ୍‌ଡାଉନ୍ ସଟଡାଉନ୍ ଚାଲିଥିଲା ଏବଂ ଯାତାୟାତରେ ପ୍ରତିବନ୍ଧକ ଥିଲା । ଡାକ୍ତର ପରାମର୍ଶ ଅଭାବରେ ଲୋକେ ଅସହାୟ ଅନୁଭବ କଲେ । ଶରୀରରେ କୌଣସି ଲକ୍ଷଣ ଦେଖାଦେଲେ ତାହା କୋଭିଡ୍ ଲକ୍ଷଣ କି ନୁହେଁ ଜାଣିବା ପାଇଁ କଷ୍ଟକର ଥିଲା । ବିଭିନ୍ନ ରୋଗପାଇଁ ଔଷଧ ଖାଉଥିବା ଲୋକେ ସେମାନଙ୍କ ଔଷଧକୁ ଆଉ ଅଧିକ ଦିନ ଖାଇବା ଦରକାର କି ନାହିଁ ଜାଣିବାର ଉପାୟ ନଥିଲା । କୋଭିଡ୍ ଭୟ ଲାଗି ଲୋକଙ୍କ ମନରେ ଅନେକ ଅସମାହିତ ପ୍ରଶ୍ନ ଦେଖାଦିଏ । ସବ୍ୟସାଚୀ ଚିନ୍ତାକଲେ କିପରି ସେମାନଙ୍କୁ ସହଜରେ ଡାକ୍ତରୀ ପରାମର୍ଶ ମିଳି ପାରିବ ।

ସେଥିପାଇଁ ସେ ଏକ ଟେଲି ମେଡ଼ିସିନ୍ ଗ୍ରୁପ୍ ତିଆରି କଲେ । ଏହି ଗ୍ରୁପ୍‌ରେ ୬୦ଜଣ ସରକାରୀ ଯୁବ ଡାକ୍ତର ଯୋଗଦେଲେ । ସେମାନେ ସମସ୍ତେ ସ୍ୱଇଚ୍ଛାରେ ଏଥିପାଇଁ ଆଗେଇ ଆସିଥିଲେ । ସେମାନଙ୍କୁ ଏକାଠି କରିବାରେ ଡାକ୍ତର ସିଦ୍ଧାର୍ଥଙ୍କର ଥିଲା ଗୁରୁତ୍ୱପୂର୍ଣ୍ଣ ଭୂମିକା । ସେମାନଙ୍କ ସେବା ଥିଲା ୨୪/୭ ଅର୍ଥାତ୍ ପ୍ରତ୍ୟେକ ଦିନ ୨୪ଘଣ୍ଟା । ଡାକ୍ତରମାନେ ସେମାନଙ୍କ ମଧ୍ୟରେ ସମୟ ବାଣ୍ଟି ପ୍ରତି ଘଣ୍ଟାରେ ଦୁଇ/ତିନି ଜଣ ଡାକ୍ତର ଲୋକଙ୍କ କଥା ଶୁଣିବାକୁ ଉପସ୍ଥିତ ରହୁଥିଲେ । ଯଦି କୌଣସି ପ୍ରଶ୍ନ ସବ୍ୟସାଚୀ କିମ୍ବା କୌଣସି ସ୍ୱେଚ୍ଛାସେବୀ ନିକଟକୁ ଆସେ ତେବେ ସେମାନେ ତାହା ସେହି ଡାକ୍ତର ଗ୍ରୁପ୍‌କୁ ପଠାଇ ଦିଅନ୍ତି । ଡାକ୍ତର ନିଜଆଡୁ ସମ୍ପୃକ୍ତ

ବ୍ୟକ୍ତିଙ୍କୁ ଫୋନ୍ କରି କୁହନ୍ତି ସେ ଡାକ୍ତର ଅମୁକ କହୁଛନ୍ତି। ସବ୍ୟସାଚୀ ବା କୌଣସି ସ୍ୱେଚ୍ଛାସେବୀଙ୍କଠାରୁ ସେ ତାଙ୍କ ବିଷୟରେ ଖବର ପାଇଛନ୍ତି। ତାଙ୍କର ସମସ୍ୟା ସେ କୁହନ୍ତୁ। ଡାକ୍ତରଙ୍କୁ ସିଧାସଳଖ ନିଜ ସମସ୍ୟା ଅବଗତ କରାଇବା ଏବଂ ତାଙ୍କ ପରାମର୍ଶ ଗ୍ରହଣକରିବା ଦ୍ୱାରା ସମ୍ପୃକ୍ତ ବ୍ୟକ୍ତିଙ୍କ ମନରେ ଦମ୍ଭ ବଢ଼େ। ସେ ଭାବନ୍ତି ତାଙ୍କୁ ସାହାଯ୍ୟ କିରିବା ପାଇଁ ବହୁ ଲୋକ ତାଙ୍କ ପଛରେ ଅଛନ୍ତି। ତାଙ୍କର ଏକଲା ପଣିଆର ମାନସିକତା ଓ ଅସହାୟ ଭାବ ଦୂର ହୁଏ। ଏହା ନୂଆ ପ୍ରକାର ଏକ ସାମୂହିକ ସେବା। ଏହି ସେବାରେ ସୁବିଧା ପାଇଁ ଏକ ସ୍ୱତନ୍ତ୍ର ହ୍ୱାଟ୍ସ ଆପ୍ ଗ୍ରୁପ୍ କରାଯାଇଥିଲା।

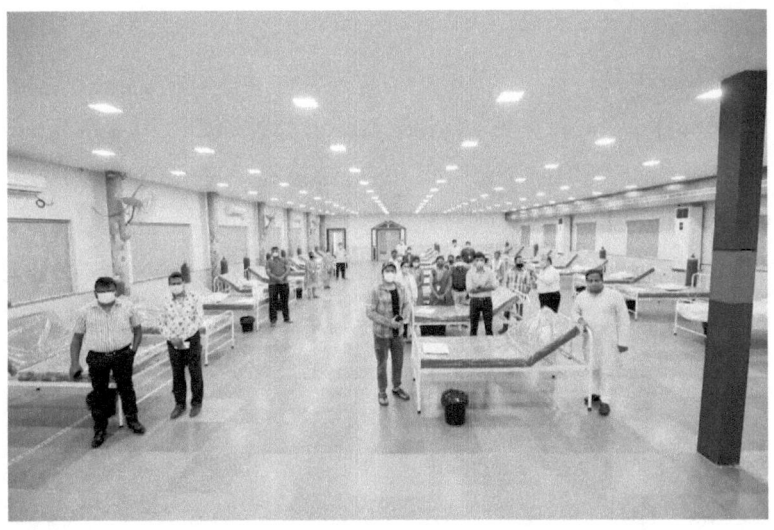

# ଯାତ୍ରା ମଧ୍ୟରେ ବସ୍‌ଚାଳକର ମୃତ୍ୟୁ

କରୋନା ସଂକ୍ରମଣ ସମୟରେ ଘରକୁ ଫେରି ନପାରି ପ୍ରବାସୀ ଓଡ଼ିଆମାନେ ବିଭିନ୍ନ ସ୍ଥାନରେ ଅଟକି ରହିଥିଲେ । କାରଣ ରେଲ, ମଟର ଓ ବିମାନ ଯାତାୟତ ବନ୍ଦ ହୋଇଯାଇଥିଲା । ସବ୍ୟସାଚୀ ବହୁ ସ୍ଥଳରେ ସେମାନଙ୍କ ଘରବାହୁଡ଼ାରେ ସାହାଯ୍ୟ କରିଥିଲେ । ସେହିପରି ଏକ ଘଟଣାରେ ସେ ମହାରାଷ୍ଟ୍ରର ପୁନେ ଅଞ୍ଚଳରୁ ପ୍ରାୟ ୪୦ଜଣ ପ୍ରବାସୀ ଓଡ଼ିଆଙ୍କୁ ଏକ ସ୍ୱତନ୍ତ୍ର ବସଯୋଗେ ଅଣାଉଥିଲେ । ଦୀର୍ଘ ପଥ ଅତିକ୍ରମ କରି ସେହି ବସ ଝାଡ଼ଖଣ୍ଡ ପାରହୋଇ ଯେତେବେଳେ ଓଡ଼ିଶା ସୀମାରେ ପ୍ରବେଶ କଲା ସେତେବେଳେ ଡ୍ରାଇଭର ଅସୁସ୍ଥତା ଅନୁଭବ କଲେ । ସେ ବସଟିକୁ ରାସ୍ତା ପାର୍ଶ୍ୱକୁ ନେଇ ଠିଆ କରାଇଦେଲେ । ସେତେବେଳକୁ ଭୋର୍ ସମୟ । ବସ ଅଟକିଯିବାରୁ ଯାତ୍ରୀମାନେ ପାଟିକରି ପଚାରିଲେ । ଡ୍ରାଇଭର ବାବୁ, କ'ଣ ହେଲା ? କୌଣସି ଉତ୍ତର ମିଳିଲା ନାହିଁ । କେତେଜଣ ପାଖକୁ ଯାଇ ଦେଖିଲେ- ଚାଳକ ନିଜ ସ୍ଥାନରେ ଟଳି ପଡ଼ିଛନ୍ତି । ତାଙ୍କର ପ୍ରାଣବାୟୁ ଉଡ଼ିଯାଇଛି । ଯାତ୍ରୀମାନେ କ'ଣ କରିବେ ତାଙ୍କୁ କୌଣସି ଉପାୟ ଦେଖାଯାଉ ନଥିଲା । ରାତି ପାହିଲା । କେଉଁଠୁ କିପରି ଖବର ପାଇ ସ୍ଥାନୀୟ ପୁଲିସ ଆସି ପହଞ୍ଚିଗଲେ । ଚାଳକଙ୍କୁ କିଏ ମାରିଲା ସେଥିପାଇଁ ପୁଲିସଙ୍କର ନାନା ପ୍ରକାର ସନ୍ଦେହ । ସେମାନେ କହିଲେ, "ମୃତ୍ୟୁର କାରଣ ଅନୁସନ୍ଧାନ କରାଯିବ, ମୃତକର ପୋଷ୍ଟମର୍ଟମ ହେବ, ତା'ପରେ ଯାଇ ବସ ଛାଡ଼ିବା କଥା ଉଠିବ !" ଯାତ୍ରୀମାନେ କିଂକର୍ତ୍ତବ୍ୟବିମୂଢ଼ । ସମସ୍ତେ ପୁଲିସର ସନ୍ଦେହ ଘେରରେ । ଏହି ବିବାଦ ସାଙ୍ଗକୁ ଆଉ ଏକ ଅହେତୁକ ଭୟ ସେମାନଙ୍କୁ ଆକ୍ରାନ୍ତ କଲା । ସେମାନେ ଭାବିଲେ – ଚାଳକଙ୍କର କରୋନାରେ ମୃତ୍ୟୁ ହୋଇ ନାହିଁ ତ ? ସେପରି ହୋଇଥିଲେ ଚାଳକଙ୍କର ନିକଟତର ହୋଇଥିବା

ବ୍ୟକ୍ତିମାନେ ସଂକ୍ରମିତ ହୋଇପାରିଥାଆନ୍ତି । ସେମାନଙ୍କଠାରୁ ଅନ୍ୟମାନେ ସଂକ୍ରମିତ ହୋଇପାରନ୍ତି ।

ଏପରି ଶଙ୍କାକୁଳ ଅବସ୍ଥାରେ ଜଣେ ଯାତ୍ରୀ ସବ୍ୟସାଚୀଙ୍କୁ ଫୋନ କରି ସମସ୍ତ ବିଷୟ ଜଣାଇଥିଲେ । ସବୁ ଦାୟିତ୍ୱ ଯେମିତି ସବ୍ୟସାଚୀଙ୍କର । ଭୁବନେଶ୍ୱରରେ ପୁଲିସ ତରଫରୁ ଏକ କୋଭିଡ୍ କଂଟ୍ରୋଲ ରୁମ୍ ଖୋଲାଯାଇଥିଲା । ସେହି କେନ୍ଦ୍ର ଦାୟିତ୍ୱରେ ଥିଲେ ପୁଲିସ୍ ଅଧିକାରୀ ଶ୍ରୀଯୁକ୍ତ ଜ୍ଞାନ ମହାପାତ୍ର । ସେହି ଅଧିକାରୀ ଥିଲେ ସବ୍ୟସାଚୀଙ୍କର ପୂର୍ବ ପରିଚିତ । ସେହି କେନ୍ଦ୍ର ସହିତ ସବ୍ୟସାଚୀ ତୁରନ୍ତ ଯୋଗାଯୋଗ ସ୍ଥାପନ କଲେ । ଜ୍ଞାନ ମହାପାତ୍ର ପୂର୍ଣ୍ଣ ସହଯୋଗ କରିବେ ବୋଲି ପ୍ରତିଶ୍ରୁତି ଦେଲେ । ଇତି ମଧ୍ୟରେ ପୋଷ୍ଟମର୍ଟମ ରିପୋର୍ଟ ଆସିଲା ଯେ ଚାଳକର ହୃଦଘାତରେ ମୃତ୍ୟୁ ହୋଇଛି । ତେଣୁ ଯାତ୍ରୀମାନେ ପୁଲିସ ସନ୍ଦେହରୁ ମୁକ୍ତ ହେଲେ ଏବଂ ମୁକ୍ତ ହେଲେ କରୋନା ସଂକ୍ରମଣ ଭୟରୁ । ସୁଖର କଥା ପୁଲିସଙ୍କ ମଧ୍ୟରେ ବସଯାତ୍ରୀଙ୍କ ପ୍ରତି ସାହାଯ୍ୟ ସହଯୋଗର ମନୋଭାବ ଅଧିକ ଭାବରେ ପ୍ରକାଶ ପାଇଲା । ହୁଏତ ପୂର୍ବ ବର୍ଣ୍ଣିତ ଜ୍ଞାନ ମହାପାତ୍ରଙ୍କ ପ୍ରଭାବ ଏହାର କାରଣ ହୋଇପାରେ । ଯାହାହେଉ ସେମାନେ ଅନ୍ୟ ଏକ ସ୍ୱତନ୍ତ୍ର ବସ ଯୋଗାଡ଼ କରି ଅଟକି ରହିଥିବା ପ୍ରବାସୀମାନଙ୍କୁ ଗନ୍ତବ୍ୟ ସ୍ଥଳକୁ ପ୍ରେରଣ କଲେ । ପୁରୁଣା ବସ୍‌ଟି ସେଠାରେ ପୁଲିସ ହେପାଜତରେ ଅଟକି ରହିଲା । ଅଲଂଘ୍ୟ ପ୍ରତୀୟମାନ ହେଉଥିବା ଏକ ବଡ଼ ସମସ୍ୟାର ସମାଧାନ ହୋଇଗଲା । ଯାତ୍ରୀମାନେ ଆଶ୍ୱସ୍ତିର ନିଶ୍ୱାସ ମାରିଲେ । ସବ୍ୟସାଚୀଙ୍କର ମଧ୍ୟ ଚିନ୍ତା ଗଲା ।

■

# ଦୁର୍ଦ୍ଦିନର ସାଥୀ ସବ୍ୟସାଚୀ

କରୋନା ମହାମାରୀ ବ୍ୟାପିଥିବା ସମୟରେ ସିନେମା ହଲମାନ ବନ୍ଦ ହୋଇଗଲା । ତାହାର କର୍ମଚାରୀମାନେ ଦରମା ପାଇଲେ ନାହିଁ । ସେହିପରି ବସ ଚାଳନା ବନ୍ଦଥିବାରୁ ଡ୍ରାଇଭରମାନଙ୍କର ରୋଜଗାର ନ ଥିଲା । ସେମାନେ ଅଭାବ ଅନଟନ ମଧ୍ୟରେ କାଳାତିପାତ କରୁଥିଲେ । ଏହି ପ୍ରକାର ଅସମୟରେ ଭୁବନେଶ୍ୱର ଓ କଟକର ସିନେମା ହଲ କର୍ମଚାରୀମାନଙ୍କୁ ଏବଂ ସେଠାକାର ବସ କର୍ମଚାରୀ ସଂଘ ସଦସ୍ୟମାନଙ୍କୁ ସାହାଯ୍ୟ କରିବା ପାଇଁ ସବ୍ୟସାଚୀ ଆଗେଇ ଆସିଲେ । ସେମାନଙ୍କୁ ତିନି ମାସ ପାଇଁ ବିନା ମୂଲ୍ୟରେ ରାସନ ଯୋଗାଇ ଦିଆଗଲା । ଏହାର ବ୍ୟୟ ଭାର ମିଳିତ ଭାବରେ ବହନ କରିଥିଲେ ସବ୍ୟସାଚୀ ଓ ତାଙ୍କର ବନ୍ଧୁ ପ୍ରବୀଣ ଅଗ୍ରୱାଲ୍ । କେହି ସେମାନଙ୍କ କଥା ଚିନ୍ତା କରୁନଥିବା ସ୍ଥଳେ ସବ୍ୟସାଚୀ ଯେ ସେମାନଙ୍କ ଦୂରବସ୍ଥା ହୃଦୟଙ୍ଗମ କରି ସ୍ୱଇଚ୍ଛାରେ ସାହାଯ୍ୟର ହାତ ବଢ଼ାଇଲେ ସେଥିପାଇଁ ସେମାନେ ତାଙ୍କ ନିକଟରେ କୃତଜ୍ଞତା ପ୍ରକାଶ କଲେ ଏବଂ ଘୋଷଣା କଲେ 'ଦୁର୍ଦ୍ଦିନର ସାଥୀ ସବ୍ୟସାଚୀ ।'

■

# ମା' ଓ ପତ୍ନୀଙ୍କର ଆକୁଳ କ୍ରନ୍ଦନ

୨୦୨୦ ମସିହା ଜୁଲାଇ ୧୨ ତାରିଖ ଦିନ ଶ୍ରୀ ସବ୍ୟସାଚୀ ମିଶ୍ର ଓ.ଟି.ଭି. ନ୍ୟୁଜ୍ ଚାନେଲରୁ ଗୋଟିଏ ଦୁଃଖଦାୟକ ଘଟଣା ଜାଣିବାକୁ ଓ ତତ୍‌ସମ୍ପର୍କୀୟ କନ୍ଦ୍ରନ ଦୃଶ୍ୟ ଦେଖିବାକୁ ପାଇଲେ। ବଳରାମ ପ୍ରଧାନ ନାମକ ୩୬ ବର୍ଷର ଏକ ଯୁବକ ଦୁବାଇର କୌଣସି ଏକ କମ୍ପାନୀରେ ଶ୍ରମିକ ଭାବରେ କାମ କରୁଥିଲା। ତା' ଘର ଗଞ୍ଜାମ ଜିଲ୍ଲା ଅନ୍ତର୍ଗତ ଖଲିକୋଟ ନିକଟ ଖଜାପାଲ୍ଲୀ ଗ୍ରାମରେ। ଘରେ ତା'ର ବୃଦ୍ଧା ମା', ପତ୍ନୀ ଓ ୯ବର୍ଷ, ୧୨ ବର୍ଷର ଦୁଇଟି ସନ୍ତାନ ଅଛନ୍ତି।

କୋଭିଡ୍ ସଂକ୍ରମଣ ଆରମ୍ଭ ହେବାରୁ କମ୍ପାନୀ କାର୍ଯ୍ୟ ବନ୍ଦ ହୋଇଗଲା। ଯାତାୟତ ପାଇଁ ଗାଡ଼ି ମଟର ଓ ବିମାନ ସେବା ବନ୍ଦ ରହିଲା। କମ୍ପାନୀ କାର୍ଯ୍ୟ ବନ୍ଦ ହେବାରୁ ଦରମା ବନ୍ଦ ହୋଇଗଲା। ଉପାର୍ଜନ ବନ୍ଦ ହେବା, ପିଲାଙ୍କ ଚଳିବା ଓ ଘରକୁ ଫେରି ନପାରିବାର ଚିନ୍ତାରେ ଘାରି ହେଲା ବଳରାମ। ଏହି ଚିନ୍ତା ଅଧିକ ହେବାରୁ ସେ ବିଷାଦଗ୍ରସ୍ତ (depression) ହେଲା। ଏହା ବୃଦ୍ଧିପାଇବା ଫଳରେ ସେ ୨୦୨୦ ମସିହା ଜୁନ୍ ୨୯ ତାରିଖ ଦିନ ଆତ୍ମହତ୍ୟା କରିଦେଲା।

ଏହି ଦୁଃଖଦ ଖବର ତା' ଘରେ ପହଞ୍ଚିବା ପରେ ଶୋକାକୁଳ ପରିବେଶ ସୃଷ୍ଟି ହେଲା। ମା' ପୁଅର ଫଟୋଟିଏ ହାତରେ ଧରି ବୁକୁଫଟା କାନ୍ଦ କାନ୍ଦୁଛି। କହୁଛି ମୋ ପୁଅଟିକୁ ଟିକିଏ ଆଣିଦିଅ, ମୁଁ ତାକୁ ଶେଷଥର ପାଇଁ ଦେଖିବି। ପତ୍ନୀ ଓ ପିଲାମାନେ କାନ୍ଦି କାନ୍ଦି ସେଇଆ କହୁଛନ୍ତି। ଏହା କ'ଣ ଅରଣ୍ୟ ରୋଦନରେ ପରିଣତ ହେବ ? କିଏ ତାଙ୍କ ପୁଅର ମର ଶରୀରକୁ ଦୁବାଇରୁ ଆଣିଦେଇ ପାରିବ ? ଏହି କରୁଣ ଦୃଶ୍ୟ ଟି.ଭି.ରେ ଦେଖି ସବ୍ୟସାଚୀଙ୍କ ହୃଦୟ ଦୟାରେ ବିଗଳିତ ହୋଇଗଲା। କାମଟି କରିବା ପାଇଁ ତାଙ୍କର ସ୍ୱତଃ ଆଗ୍ରହ ଜାତ ହେଲା। ଏଥିପାଇଁ

ତାଙ୍କୁ କେହି ଅନୁରୋଧ କରିନାହିଁ। ସେ ଜୀବିତ ପ୍ରବାସୀ ଓଡ଼ିଆଙ୍କୁ ଘର ବାହୁଡ଼ାରେ ସାହାଯ୍ୟ କରିଛନ୍ତି। କିନ୍ତୁ ଅନ୍ୟ ଦେଶରୁ ମୃତଦେହ ଆଣିବାରେ ତାଙ୍କର କୌଣସି ଅଭିଜ୍ଞତା ନାହିଁ। ତଥାପି ସେ ଏହି କାମ ପାଇଁ ଅଣ୍ଟାଭିଡ଼ି ବାହାରିଲେ।

ସ୍ଥାନୀୟ ଓ.ଟି.ଭି. ରିପୋର୍ଟର ଶ୍ରୀ ଶିଲୁ ବିଶ୍ୱାଳଙ୍କ ସହିତ ଯୋଗାଯୋଗ କରି ସବ୍ୟସାଚୀ ବଳରାମ ପରିବାର ବିଷୟରେ ବିଶଦ ବିବରଣୀ ସଂଗ୍ରହ କଲେ। ବଳରାମ ସହିତ ଏକା କମ୍ପାନୀରେ କାମ କରୁଥିବା ଅନ୍ୟଜଣେ ଓଡ଼ିଆ ନିରଞ୍ଜନର ମୋବାଇଲ ନମ୍ବର ମଧ୍ୟ ତାଙ୍କୁ ମିଳିଗଲା। ଦୁବାଇରେ ଥିବା ନିରଞ୍ଜନଠାରୁ ମୃତ ବଳରାମ ବିଷୟରେ ଟିକିନିଖି ଖବର ସଂଗ୍ରହ କଲେ। ସମସ୍ତ ବିଷୟ ଅବଗତ ହେବା ପରେ ଦୁବାଇରେ ଥିବା ଭାରତୀୟ କନ୍‌ସୁଲେଟ ଜେନେରାଲ ଅଫିସ୍ ସହିତ ଯୋଗାଯୋଗ କରି ସେ ତାଙ୍କଠାରୁ ଏନ୍.ଓ.ସି ବା ନୋ ଅବ୍‌ଜେକ୍‌ସନ ସାର୍ଟିଫିକେଟ ଯୋଗାଡ଼ କଲେ। ତା'ପରେ ଦୁବାଇ ପୁଲିସ ଓ ଦୁବାଇ ମୁନିସପାଲଟିଠାରୁ ମଧ୍ୟ ସେପରି ଭାବରେ ଏନ୍.ଓ.ସି. ସଂଗ୍ରହ କରାଗଲା। ଏହି କାମ ପାଇଁ ସାଧାରଣତଃ ମାସେ ସମୟ ଲାଗିଯାଏ। ମାତ୍ର ସେମାନେ ଦୟାପରବଶ ହୋଇ ମାତ୍ର ୩ ଦିନରେ ସେ କାମ କରି ଦେଇଥିଲେ। ତା'ପରେ ରହିଲା ମୃତକର କୋଭିଡ୍ ପରୀକ୍ଷା। ସେହି ପରୀକ୍ଷାରେ ନେଗେଟିଭ ବାହାରିଲା। ଅର୍ଥାତ୍ ଯୁବକ କୋଭିଡ୍ ସଂକ୍ରମିତ ନୁହେଁ। ଏ ସବୁ ହେଲାପରେ ୟୁନାଇଟେଡ୍ ଆରବ ଏମିରେଟସ ସରକାର ଶବ ଭୁବନେଶ୍ୱର ଯିବା ପାଇଁ ଅନୁମତି ଦେଲେ।

ଏବେ ଆଉ ଗୋଟିଏ ନୂଆ ସମସ୍ୟା ଦେଖାଦେଲା। ଭୁବନେଶ୍ୱର ବିମାନ ବନ୍ଦରରେ ଶବ ଗ୍ରହଣ କରିବାର ସୁଯୋଗ ନ ଥିଲା। ତେଣୁ ସେଥିପାଇଁ ସେଠାରେ ସାଧରଣତଃ ଅନୁମତି ନାହିଁ। ଓଡ଼ିଶା ବାହାରେ ଯେଉଁ ବିମାନ ବନ୍ଦରରେ ସେ ସୁବିଧା ଅଛି ସେଠାରୁ ଶବ ସଂଗ୍ରହ କରି ଓଡ଼ିଶା ଆଣିବା ସହଜ ହେବ ନାହିଁ। ଯାହାହେଉ ସବ୍ୟସାଚୀଙ୍କ ଏକାନ୍ତ ଅନୁରୋଧରେ ଭୁବନେଶ୍ୱର ବିମାନ ବନ୍ଦର କର୍ତ୍ତୃପକ୍ଷ ସେଥିପାଇଁ ସ୍ୱତନ୍ତ୍ର ଅନୁମତି ପ୍ରଦାନ କଲେ। ସବ୍ୟସାଚୀଙ୍କର ମନେହେଲା, ପ୍ରତିବନ୍ଧକ ଅତିକ୍ରମ କରି ସେମାନେ ମାନବିକତା ପ୍ରଦର୍ଶନ କରିଛନ୍ତି। ସେଥିପାଇଁ ସେମାନେ ଧନ୍ୟବାଦର ପାତ୍ର।

ଉକ୍ତ କାର୍ଯ୍ୟକୁ ସଫଳ କରିବାରେ ଯେଉଁମାନଙ୍କର ସହଯୋଗ ସାହାଯ୍ୟ ଓ ଗୁରୁତ୍ୱପୂର୍ଣ୍ଣ ଭୂମିକା ରହିଛି ସେମାନେ ହେଲେ ୟୁନାଇଟେଡ୍ ଆରବ ଏମିରେଟସ

ଓଡ଼ିଆ ସମାଜର କର୍ମକର୍ତ୍ତା ଡକ୍ଟର ଚନ୍ଦ୍ରଶେଖର ଖୁଣ୍ଟିଆ, ଫ୍ଲାଇ ଦୁବାଇ କାରଗୋ ଇନ୍‌ଚାର୍ଯ୍ୟ ଶ୍ରୀ ସାଇରିଲ୍ ବ୍ରାଗନଜା, ଏୟାର ଇଣ୍ଡିଆ ସିନିୟର୍ ମ୍ୟାନେଜର ଶ୍ରୀ ଜିତେନ୍ଦ୍ର ଦାସ, ଭୁବନେଶ୍ୱର ପୁଲିସ୍ ଡେପୁଟି କମିଶନର ଶ୍ରୀ ଅନୁପ ସାହୁ, ଶ୍ରୀମତୀ ସାଗରିକା ନାଥ, ଆଇ.ପି.ଏସ୍., ଇନ୍‌ସପେକ୍ଟର ଇନଚାର୍ଯ୍ୟ, ଏୟାରପୋର୍ଟ ଶ୍ରୀ ଉମାକାନ୍ତ ପ୍ରଧାନ, କଷ୍ଟମ ଇନ୍‌ସପେକ୍ଟର ମଳୟଦୀପ୍ ଘୋଷ ଏବଂ ଶ୍ରୀ ନିରଞ୍ଜନ ଓ ତାଙ୍କ କମ୍ପାନୀ ଅଂଶୀଦାର ଶ୍ରୀ ଇଶାହୁସେନି ପଟେଲ। ଯେଉଁ କାମଟି କରିବା ପ୍ରଥମେ ସବ୍ୟସାଚୀଙ୍କୁ ଦୁରୂହ ପ୍ରତୀୟମାନ ହେଉଥିଲା ତାହା ବହୁଲୋକଙ୍କ ସାହାଯ୍ୟରେ ସହଜ ହୋଇଗଲା। ଭଲ କାମ କରିବାକୁ ଜଣେ ଅଗ୍ରସର ହେଲେ ଅନେକ ଲୋକ ତାକୁ ସାହାଯ୍ୟର ହାତ ବଢ଼ାନ୍ତି।

ଶବ ଆସିବା ଦିନ ସବ୍ୟସାଚୀ ଓ ତାଙ୍କର କେତେଜଣ ସାହାଯ୍ୟକାରୀ ସକାଳ ୭ଟାରେ ପୂର୍ବରୁ ଯାଇ ଭୁବନେଶ୍ୱର ବିମାନ ବନ୍ଦରରେ ହାଜର ହୋଇ ଯାଇଥିଲେ। ତା' ପୂର୍ବରୁ ଆବଶ୍ୟକୀୟ ବ୍ୟବସ୍ଥା ସମ୍ପନ୍ନ ହୋଇଥିଲା। ସକାଳ ୭ଟାରୁ ୯ଟା ମଧ୍ୟରେ ଶବ ଆସିବାର ଥାଏ। ତାହା ଭୁବନେଶ୍ୱରରୁ ବଳରାମର ଜନ୍ମସ୍ଥାନକୁ ପଠାଇବା ପାଇଁ ସବ୍ୟସାଚୀ ଏକ ଆମ୍ବୁଲାନ୍ସ ପ୍ରସ୍ତୁତ କରି ରଖିଥିଲେ। ମରଶରୀର ଆସୁ ଆସୁ ତାହା ଗ୍ରହଣ କରି ଗନ୍ତବ୍ୟ ପଥରେ ପଠାଇଦେଲେ। ବଳରାମ ଥିଲା ତା'ଗ୍ରାମର ଖୁବ୍ ଲୋକପ୍ରିୟ। ତା' ତିରୋଧାନରେ ଗ୍ରାମବାସୀ ଗଭୀର ଭାବରେ ମର୍ମାହତ। ଗ୍ରାମବାସୀ ଓ ବଳରାମର ପରିବାର ଲୋକେ ଶବ ପହଞ୍ଚିବାକୁ ଉତ୍କଣ୍ଠାର ସହିତ ଅପେକ୍ଷା କରି ରହିଥିଲେ। ଶବ ପହଞ୍ଚିଲା ପରେ ଗ୍ରାମବାସୀ କହିଲେ- ବଳରାମ ଯେତେବେଳେ ବିଦେଶରୁ ଗ୍ରାମକୁ ଆସେ, ସମସ୍ତଙ୍କ ପାଇଁ ଉପହାର ଆଣିଥାଏ। ଆଜି ଏ କି ଉପହାର ? ସମସ୍ତେ ଶୋକରେ ଅଧୀର। ପରିବାର କ୍ରନ୍ଦନ ରୋଳରେ ଫାଟି ପଡୁଛି। ଶୋକାକୁଳ ପରିବେଶରେ ବଳରାମର ମା', ସ୍ତ୍ରୀ, ପିଲାମାନେ ଓ ଗ୍ରାମବାସୀ ବଳରାମର ଶେଷ ଦର୍ଶନର ସୁଯୋଗ ପାଇଲେ। ସବ୍ୟସାଚୀଙ୍କ ପାଇଁ ସେମାନଙ୍କର ସ୍ୱପ୍ନଟିଏ ସାକାର ହେଲା। କହିବା ବାହୁଲ୍ୟ ସମସ୍ତ କାର୍ଯ୍ୟର ଆନୁସଙ୍ଗିକ ଖର୍ଚ୍ଚ ତୁଲାଇଥିଲେ ନିଜେ ସବ୍ୟସାଚୀ। ବଳରାମ ଅକାଳରେ ଜୀବନ ହାରିଦେଇ ପରିବାରର ଭବିଷ୍ୟତକୁ ଠେଲି ଦେଇଛି ଅନ୍ଧକାର ମଧ୍ୟକୁ। ସବୁ ବିଚାରକୁ ପଛରେ ପକାଇ ବର୍ତ୍ତମାନର ପ୍ରଥମ କାର୍ଯ୍ୟ ହେଉଛି ବଳରାମ ମର ଶରୀରର ଅନ୍ତିମ ସଂସ୍କାର। ■

# ଉତ୍ତର ବୟସ ଦାମ୍ପତ୍ୟର ବିଚ୍ଛେଦ ଓ ମିଳନ କାହାଣୀ

ଭଦ୍ରକ ଜିଲ୍ଲା ଅନ୍ତର୍ଗତ ସୋର ଅଞ୍ଚଳର ଏକ ଉତ୍ତର ବୟସ ଦମ୍ପତି। ସେ ଦୁହେଁ ହେଲେ ୮୨ ବର୍ଷର ଜଗବନ୍ଧୁ ସାହୁ ଓ ୭୬ବର୍ଷର ଗୌରୀ ସାହୁ। ସେ ଦୁହିଁଙ୍କର ଦୁଇ ପୁଅ। ବଡ଼ ପୁଅ ଗୁଜରାଟରେ ଚାକିରି କରନ୍ତି। ସାନପୁଅ ମୋହନ ଚରଣ ସାହୁ ଘରେ ଥାଆନ୍ତି ଏବଂ ଗାଁ ସ୍କୁଲରେ ଶିକ୍ଷକତା କରନ୍ତି। କରୋନା ଲକ୍‌ଡାଉନ୍ ଆରମ୍ଭ ହେବା ପୂର୍ବରୁ ବଡ଼ପୁଅ ଆସି ମା'କୁ ଗୁଜୁରାଟ ନେଇ ଯାଇଥିଲା କିଛି ଦିନ ବୁଲାଇ ଆଣିବା ପାଇଁ। ବାପା ସାନପୁଅ ପାଖରେ ଗାଁରେ ରହୁଥିଲେ। ଅଳ୍ପଦିନ ପରେ ଲକ୍‌ଡାଉନ୍ ଆରମ୍ଭ ହୋଇଯିବାରୁ ରେଳ, ମଟର ଓ ବିମାନ ଯାତାୟାତ ବନ୍ଦ ହୋଇଗଲା। ମା' ଆଉ ଓଡ଼ିଶା ଫେରି ପାରିଲେ ନାହିଁ। ତାଙ୍କୁ ଫେରାଇ ଆଣିବାକୁ ପୁଅମାନେ ସକ୍ଷମ ହୋଇପାରିଲେ ନାହିଁ। ଦାମ୍ପତ୍ୟ ବିଚ୍ଛେଦର ଅବଧି ବୃଦ୍ଧି ପାଇବାରେ ଲାଗିଲା। ଚାହୁଁ ଚାହୁଁ ପ୍ରାୟ ପାଞ୍ଚମାସ ଅତୀତ ହୋଇଗଲା। ଜଗବନ୍ଧୁଙ୍କର ଆଶଙ୍କା ହେଲା ବୋଧହୁଏ ଏ ଜନ୍ମରେ ଆଉ ସ୍ତ୍ରୀ ଗୌରୀକୁ ଦେଖି ପାରିବେ ନାହିଁ। ଏହି ଚିନ୍ତାରେ ସେ ଖାଇବା ପିଇବା ଛାଡ଼ିଦେଲେ। ଗୌରୀ ସାହୁ ମଧ୍ୟ ସ୍ୱାମୀଙ୍କ ନିକଟକୁ ଫେରି ଆସିବାକୁ ବ୍ୟାକୁଳ ହେଉଥିଲେ। ସେହି ଚିନ୍ତାରେ ତାଙ୍କୁ ରାତିରେ ନିଦ ହେଉନଥିଲା। ବାପାମା'ଙ୍କର ବିଚ୍ଛେଦଜନିତ ଏ ଦୁରବସ୍ଥା ସନ୍ତାନମାନଙ୍କର ଅସହ୍ୟ ହେଲା। ସୋରରେ ରହୁଥିବା ସାନପୁଅ ମୋହନ ଏ ବିଷୟ ସବ୍ୟସାଚୀଙ୍କୁ ଅବଗତ କରାଇଲା ଶେଷ ଆଶ୍ରା ଓ ଶେଷ ଆଶା ଭାବରେ। ସବ୍ୟସାଚୀ ଘଟଣାଟିର ଗୁରୁତ୍ୱ ଉପଲବ୍ଧି କରିପାରିଲେ। ଗୁଜୁରାଟର ଯେଉଁ ଅଞ୍ଚଳରେ

ଗୌରୀ ସାହୁ ରହୁଥିଲେ ସେହି ଅଞ୍ଚଳରୁ ପ୍ରବାସୀ ଓଡ଼ିଆଙ୍କୁ ଆଣିବା ପାଇଁ ସେ ଯେଉଁ ସ୍ୱତନ୍ତ୍ର ବସ୍‌ର ବ୍ୟବସ୍ଥା କରିଥିଲେ ସେଥିରେ ଗୌରୀଙ୍କୁ ଆଣିବାର ସୁବିଧା କରିଦେଲେ। ସେ ଭୁବନେଶ୍ୱରରେ ପହଞ୍ଚିଲା ପରେ ତାଙ୍କୁ ସବ୍ୟସାଚୀ ଟ୍ୟାକ୍ସି ଯୋଗେ ସୋର ପଠାଇଦେଲେ। ସେ ସୋରରେ ପହଞ୍ଚିବା ପରେ ସ୍ୱାମୀ ସ୍ତ୍ରୀ ମିଳନ ହେଲା। ବିଚ୍ଛେଦର ଦୁଃଖ ଅପସରିଗଲା। ଘରେ ଖେଳିଗଲା ଆନନ୍ଦର ଲହରୀ। ଦାମ୍ପତ୍ୟର ସମ୍ପର୍କ ଯେ କେତେ ନିବିଡ଼ ତାହା ଏହି ଘଟଣାରୁ ଜାଣିହୁଏ। ଏହି ମଧୁର ମିଳନଟି ଘଟିଥିଲା ୨୦୨୦ ମସିହା ଅଗଷ୍ଟ ମାସରେ। ପ୍ରେମ ସାମନାରେ ବୟସ ଓ ଅସୁବିଧା ହାର ମାନେ। ଆଜିକାଲିକା ପ୍ରେମୀଯୁଗଳଙ୍କ ପାଇଁ ସେମାନେ ଆଦର୍ଶ। ଏହି ପ୍ରେମୀ ଯୁଗଳଙ୍କର ମିଳନ କରାଇ ପାରିଥିବାରୁ ସବ୍ୟସାଚୀ ଏହା ତାଙ୍କର ସୌଭାଗ୍ୟ ବୋଲି ମନେକଲେ। ସୋରରେ ରହୁଥିବା ପୁଅ ପ୍ରକାଶ କଲେ- ମୁଁ ପୁଅ ହୋଇ ଯାହା କରି ପାରିଲି ନାହିଁ ସବ୍ୟସାଚୀ ତାହା କରି ପାରିଲେ। ସେ ଆମ ପାଇଁ ଦେବତା।

ସୋରରେ ମୋହନଙ୍କ ପରିବାର ଓ ବାପା ମା' ଥାଇ ସବ୍ୟସାଚୀ ଭିଡ଼ିଓ ମାଧମରେ ନିଜର ଖୁସି ପ୍ରକାଶ କଲେ ଏବଂ ଥଟ୍ଟାକରି କହିଲେ, "ମଉସା, ମାଉସୀଙ୍କୁ ନେଇ ମୁଁ ଗୋଟେ ସିନେମା କରିବି। ତା'ର ନାମ ରଖିବି 'ତୋର ମୋର ଯୋଡ଼ି ସୁନ୍ଦର'। ଏଥିରେ ସମସ୍ତେ ହସି ଉଠିଲେ।

■

# ଶତ୍ରୁ ଶିବିରରୁ ଉଦ୍ଧାର: ଏକ ରୋମାଞ୍ଚକର କାହାଣୀ

୨୦୨୩ ମସିହା ଜୁନ ମାସ, ହଠାତ୍ ସବ୍ୟସାଚୀଙ୍କ ନିକଟକୁ ଏକ ଫୋନ୍ ଆସିଲା। ଜଣେ ନାରୀର କଣ୍ଠସ୍ୱର। କାନ୍ଦ କାନ୍ଦ ହୋଇ କହୁଛି, "ମୁଁ ବଡ଼ ବିପଦରେ ପଡ଼ିଛି। ମଧ୍ୟପ୍ରଦେଶର କାପୁର୍ଦା ନାମକ ସ୍ଥାନରେ ମୋତେ ଅଟକ ରଖାଯାଇଛି। ଆପଣଙ୍କ ଛଡ଼ା ମୋତେ ଆଉ କେହି ଉଦ୍ଧାର କରିପାରିବେ ନାହିଁ। ଆପଣ ସାହାଯ୍ୟ ନ କଲେ ମୁଁ ଆତ୍ମହତ୍ୟା କରିବି। ମୋତେ ଅଟକ ରଖିଥିବା ଲୋକର ମୋବାଇଲରୁ ମୁଁ ଲୁଚିକରି ଫୋନ୍ କରୁଛି। ମୋତେ ଆପଣ ଏହି ନମ୍ବରରେ ଫୋନ କରିବେ ନାହିଁ। ସେପରି ହେଲେ ମୁଁ ଧରା ପଡ଼ିଯିବି। ମୁଁ ଫୋନ୍ କଲେ ଆପଣ ମୋ ସହିତ କଥାହେବେ।" ସବ୍ୟସାଚୀ ପଚାରିଲେ ମୋ ଫୋନ୍ ନମ୍ବର ତୁମେ କେଉଁଠି ପାଇଲ ?" ଫୋନ୍ କରିଥିବା ସ୍ତ୍ରୀଲୋକଟି କହିଲା, "ଜଣେ ଯାତ୍ରା ମାଲିକ ମୋର ଚିହ୍ନା। ତାଙ୍କଠାରୁ ଆପଣଙ୍କ ମୋବାଇଲ୍ ନମ୍ବର ଆଣିଥିଲି।" ସବୁ ଶୁଣି ସବ୍ୟସାଚୀ ଭାବିଲେ କେତେଦୂର ସତ୍ୟତା ଅଛି ? କିନ୍ତୁ ସେଇ ସ୍ୱରରେ ଯେଉଁ ବ୍ୟାକୁଳତା ଓ ଆତଙ୍କ ଭାବ ପ୍ରକାଶ ପାଉଥିଲା ସେପରି ସ୍ଥଳେ ଅନୁରୋଧକୁ ସେ ପ୍ରତ୍ୟାଖ୍ୟାନ କରିପାରିଲେ ନାହିଁ। ତାକୁ କହିଲେ ସେ ରହିଥିବା ସ୍ଥାନର ଅବସ୍ଥିତି, ଠିକଣା ଓ ନିଜର ସମସ୍ତ ବିବରଣୀ ଭିଡିଓ କରି ପଠାଉ। ତୁରନ୍ତ ସେପରି ଭିଡ଼ିଓ ଆସି ପହଁଚିଲା।

ଏଥିରୁ ଜଣାପଡ଼ିଲା ଯେ ସାହାଯ୍ୟପ୍ରାର୍ଥୀ ୨୩ବର୍ଷ ବୟସର ଝିଅ। ତା' ନାମ ଲଳିତା ନାୟକ। ତା ଗାଁ କେନ୍ଦୁଝର ସହରଠାରୁ ଅଳ୍ପଦୂରରେ ଅବସ୍ଥିତ। ସେ

ଓ ତାଙ୍କ ଗାଁ ଆଖ ପାଖର ଆଉ ୪ଜଣ ଝିଅ ମିଶି କେନ୍ଦୁଝରେ ସହରର ଏକ ସପିଙ୍ଗ୍ ମଲରେ ଚାକିରି କରୁଥିଲେ। ସେମାନେ ଏକତ୍ର ରହୁଥିଲେ। ଏକଦା ଲଳିତା ଗ୍ରାମର ଜଣେ ମାଉସୀ ଆସି ସେମାନଙ୍କ ପାଖରେ ପହଞ୍ଚିଲେ। ସେମାନଙ୍କୁ କହିଲେ, "ରୋଜଗାର କରି ପରିବାରକୁ ପୋଷୁଛ। ନିଜ ଖୁସି ପାଇଁ ତ କିଛି କରୁନାହଁ! ଚାଲ ଟ୍ରେନ୍‌ରେ ଯାଇ ଏକ ଦୂର ଦର୍ଶନୀୟ ସ୍ଥାନ ବୁଲି ଆସିବ। ଭ୍ରମଣ ହେବ ବେଶ ସୁଖକର। କୂପମଣ୍ଡୁକ ପରି ରହିଛ। ଦୁନିଆ ଦେଖିଆସିବ। ତୁମର ଆଖି ଝଲସି ଯିବ। ତାଙ୍କ ସରପକା କଥାରେ ଭଳିଯାଇ ୫ଜଣଯାକ ଝିଅ ଭ୍ରମଣରେ ବାହାରିଲେ। ସଙ୍ଗରେ ସେ ମାଉସୀ ମଧ୍ୟ ଗଲେ। ମାଉସୀ କହିଥିଲେ ସେମାନେ ଯେଉଁଠି ଟ୍ରେନ୍‌ରୁ ଓହ୍ଲାଇବେ ସେଠାରେ ସେମାନଙ୍କୁ ଲକ୍ଷ୍ୟସ୍ଥଳକୁ ନେବାକୁ ଗାଡ଼ି ଥିବ। ଝିଅମାନଙ୍କର ଆଶଙ୍କା ହେଲା ମାଉସୀ ଭୁଲ ଜାଗାକୁ ନେଇ ଆସିଲାକି। ଟ୍ରେନ୍‌ରୁ ଓହ୍ଲାଇଲା ପରେ କିଛି ଲୋକ ସେମାନଙ୍କୁ ନେବା ପାଇଁ ଗାଡ଼ି ଧରି ଆସି ପହଞ୍ଚିଗଲେ। ଇତି ମଧ୍ୟରେ ମାଉସୀ ଅଦୃଶ୍ୟ ହୋଇଗଲେ। ପାଞ୍ଚଟି ଅଲଗା ଅଲଗା କାରରେ ଜଣ ଜଣ କରି ଝିଅଙ୍କୁ ବଳ ପୂର୍ବକ ବସାଇ ଅଜ୍ଞାତ ସ୍ଥାନକୁ ନିଆଗଲା। କୌଣସି ଝିଅ ଅନ୍ୟ ସାଥୀମାନଙ୍କ ବିଷୟରେ କିଛି ଜାଣିପାରିଲେ ନାହିଁ।

ଲଳିତାକୁ ଯେଉଁ ସ୍ଥାନକୁ ନିଆଗଲା ତାହା ମଧ୍ୟପ୍ରଦେଶର କାପୁର୍ଦା। ସେଠାରେ ତାକୁ ଅମିତ ଶୁକ୍ଲା ନାମକ ୫୦ବର୍ଷର ଏକ ପ୍ରୌଢ଼ ସହିତ ଜୋରକରି ବିବାହ କରିଦିଆଗଲା। ସେ ହେଲା ତାର ଦ୍ୱିତୀୟ ପତ୍ନୀ। ଲଳିତା ପଳାଇ ଯିବାକୁ ଚେଷ୍ଟାକଲେ ତାକୁ ମାଡ଼ ମାରି ଘରକୁ ଅଣାଯାଏ। ନିର୍ଯାତନା ଅସହ୍ୟ ହେଲା। ଶେଷକୁ ସେ ଅଭିନୟ କଲା ଯେ ସେଠାରେ ରହିବାରେ ତାର କୌଣସି ଆପତ୍ତି ନାହିଁ। ପାଞ୍ଚ ଛଅ ମାସ ପରେ ତାକୁ ଘର ଲୋକ ପରି ବ୍ୟବହାର କରାଗଲା। ତା'ଉପରେ ଆଉ କୌଣସି କଟକଣା ରହିଲା ନାହିଁ। ତା'ର ତଥାକଥିତ ସ୍ୱାମୀ ଅମିତ ଶୁକ୍ଲା ତାକୁ ବିଶ୍ୱାସକୁ ନେଲା। ଭିଡ଼ିଓରେ ନିଜ କଥା କହିଲାବେଳେ ଲଳିତା ଆଖିରୁ ଅବାରିତ ଅଶ୍ରୁ ଝରୁଥାଏ। ଏ ସବୁ ଦେଖିଲା ପରେ ସବ୍ୟସାଚୀଙ୍କର ଧାରଣା ହେଲା ଯେ ଏହା ଗୋଟିଏ ସାହାଯ୍ୟଯୋଗ୍ୟ ସମସ୍ୟା। ଏ ବିଷୟରେ ସେ ବାଲେଶ୍ୱର ଏସ୍.ପି. ଶ୍ରୀମତୀ ସାଗରିକା ନାଥଙ୍କ ସଙ୍ଗେ ଆଲୋଚନା କଲେ। କାରଣ ତାଙ୍କ ସହିତ ସବ୍ୟସାଚୀଙ୍କର ପୂର୍ବରୁ ପରିଚୟ ଥିଲା ଯେତେବେଳେ ସେ ଭୁବନେଶ୍ୱରରେ ଟ୍ରାଫିକ୍ ଇନ୍‌ଚାର୍ଯ ଦାୟିତ୍ୱରେ ଥିଲେ। ପୀଡ଼ିତା ଝିଅଟି କେନ୍ଦୁଝର ଜିଲ୍ଲାର

ହୋଇଥିବାରୁ ଶ୍ରୀମତୀ ନାଥ କେନ୍ଦୁଝରେ ଏସ୍.ପି.ଙ୍କୁ ସବୁ ବିଷୟ ଜଣାଇଦେଲେ କାର୍ଯ୍ୟାନୁଷ୍ଠାନ ଗ୍ରହଣ କରିବା ପାଇଁ। ତା' ପରେ କେନ୍ଦୁଝର ଏସ୍.ପି. ସବ୍ୟସାଚୀଙ୍କୁ ଫୋନ୍ କରି ସେ ଝିଅର ମୋବାଇଲ୍ ନମ୍ବର ମାଗିଲେ। ସବ୍ୟସାଚୀ କହିଲେ ତା'ର ମୋବାଇଲ ନାହିଁ। ଅନ୍ୟ ଲୋକ ମୋବାଇଲରୁ ସେ ଚୋରାରେ ଫୋନ୍ କରୁଛି। ସେ ମୋବାଇଲକୁ ଫୋନ୍ କଲେ ସେ ଧରାପଡ଼ିଯିବ। ଆପଣଙ୍କ ମୋବାଇଲ୍ ନମ୍ବର ପାଇଲେ ସେ ଆପଣଙ୍କ ସଙ୍ଗେ କଥାହେବ। ସବ୍ୟସାଚୀଙ୍କ ଜରିଆରେ ଲଳିତା ଏସ୍.ପି. ଙ୍କ ମୋବାଇଲ ନମ୍ବର ପାଇଗଲା। କେନ୍ଦୁଝର ଏସ୍.ପି.ଙ୍କ ମନେହେଲା ଏହା ଝିଅ ଚାଲାଣକାରୀ ରାକେଟର କାମ। ସେ ଏକ ଉଦ୍ଧାରକାରୀ ଦଳ ଗଢ଼ିଲେ। ସେ ଦଳରେ ୪ଜଣ ଥିଲେ। ସେମାନଙ୍କ ମଧ୍ୟରେ ଥିଲେ ଜଣେ ମହିଳା ପୁଲିସ ଅଫିସର୍, ଜଣେ ପୁରୁଷ ପୁଲିସ ଅଫିସର ଜଣେ କନେଷ୍ଟବଳ ଓ ଜଣେ ଡ୍ରାଇଭର। ସେମାନେ ରାତିରେ ମଧ୍ୟପ୍ରଦେଶ ଅଭିମୁଖେ ଯାତ୍ରା ଆରମ୍ଭ କଲେ। ଏହା ଏତେ ଗୁପ୍ତରେ ହେଉଥିଲା ଯେ ସବ୍ୟସାଚୀଙ୍କୁ ମଧ୍ୟ ଜଣାଇ ନଥିଲେ। ସେମାନେ ଯିବା ପରେ କେନ୍ଦୁଝର ଏସ୍.ପି. ସବ୍ୟସାଚୀଙ୍କୁ ଜଣାଇଲେ ଯେ ଏକ ଅଜଣା ନମ୍ବରରୁ ଆପଣଙ୍କ ନିକଟକୁ ଫୋନ ଆସିବ। ଆପଣ ତାଙ୍କୁ ପରିଚୟ ପଚାରିବେ ନାହିଁ। ସେମାନେ ହେଉଛନ୍ତି ଉଦ୍ଧାରକାରୀ ଦଳ। ଆପଣ ତାଙ୍କୁ ସହଯୋଗ କରିବେ। ସେମାନେ ମଧ୍ୟ ଆପଣଙ୍କୁ ପରିଚୟ ପଚାରିବେ ନାହିଁ। ସତକୁ ସତ କିଛିସମୟ ପରେ ଏକ ଅଜ୍ଞାତ ନମ୍ବରରୁ ଫୋନ୍ ଆସିଲା। ପ୍ରଶ୍ନ ଥିଲା ଲଳିତା ପାଖରେ ପହଞ୍ଚିବାକୁ କିଛି ପାରିପାର୍ଶ୍ୱିକ ଚିହ୍ନର ସୂଚନା ଦେଇପାରିବେ ? ସେ ଝିଅକୁ ଆମେ କେଉଁଠି ଭେଟିବୁ ? ଆମର ଜଣେ ମହିଳା ଅଫିସର ହଳଦିଆ ସାଲୁଆର ପଞ୍ଜାବୀ ପିନ୍ଧିଥିବେ। ସେ ଝିଅ କେଉଁ ରଙ୍ଗର ଶାଢ଼ୀ ପିନ୍ଧିଥିବେ ତାହା ଜାଣିଲେ ଆମେ ତାଙ୍କୁ ସହଜରେ ଜାଣି ପାରିବୁ। ସବ୍ୟସାଚୀ ଲଳିତାଠାରୁ ଏ ସବୁ ବୁଝି ଅଜ୍ଞାତ ମୋବାଇଲକୁ ଜଣାଇ ଦେଲେ। ଲଳିତା ରହୁଥିବା ଘର ନିକଟରେ ଏକ କାଳୀମା' ମନ୍ଦିର ଅଛି। ସେ ମନ୍ଦିରକୁ ମୁହଁକରି ଠିଆହେଲେ ବାମପଟ ଦୁଇଘର ପରେ ଲଳିତା ରହୁଥିବା ଘରର ଅବସ୍ଥିତି। ଉକ୍ତ ମନ୍ଦିର ନିକଟରେ ଭେଟ ହେବ। ତା ଶାଢ଼ୀର ରଙ୍ଗ ନାଲି। ସେହିପରି ଲଳିତା ଜାଣିଲା ଯେ ଛଦ୍ମବେଶୀ ପୁଲିସ ପୋଷାକର ରଙ୍ଗ ହଳଦିଆ। ସବ୍ୟସାଚୀ ଯୋଗସୂତ୍ର ଭାବେ କାର୍ଯ୍ୟକଲେ।

ଲଳିତାକୁ ଅଟକାଇ ରଖିଥିବା ଅମିତ ଶୁକ୍ଳାର ଏକ ହୋଟେଲ ଅଛି। ସେ ଜଣେ ପ୍ରଭାବଶାଳୀ ଲୋକ ହୋଇଥାଇ ପାରେ। ସ୍ଥାନୀୟ ପୁଲିସର ମଧ୍ୟ ତା' ସହିତ ଭଲ ସମ୍ପର୍କ ଥାଇପାରେ। ଏ ଦୃଷ୍ଟିରୁ ଉଦ୍ଧାରକାରୀ ଦଳ ଓ ସବ୍ୟସାଚୀ ବିଚାର କଲେ ସ୍ଥାନୀୟ ପୁଲିସକୁ ପୂର୍ବ ସୂଚନା ଦେଲେ ହୁଏତ ସବୁ ଚେଷ୍ଟା ଫସର ଫାଟିଯିବ। ଆବଶ୍ୟକ ନହେଲେ ସ୍ଥାନୀୟ ପୁଲିସକୁ ଜଣାଇବାର ଆବଶ୍ୟକତା ନାହିଁ। ପୁଲିସ ଗାଡ଼ି ଲକ୍ଷ୍ୟ ସ୍ଥଳର ନିକଟତର ହେଲା। ଉକ୍ତ କାଳୀମା' ମନ୍ଦିରଠାରୁ ପ୍ରାୟ ୬୦୦ ମିଟର ଦୂରରେ ଏହା ଅଟକିଲା। ମହିଳା ପୁଲିସ୍ ଅଫିସର୍ ଗାଡ଼ିରୁ ଓହ୍ଲାଇ ସାହସର ସହିତ ଏକାକୀ ଚାଲିଲେ କାଳୀମା' ମନ୍ଦିର ନିକଟକୁ। ଏହା ଲଳିତାକୁ ଜଣାଇ ଦେବାପାଇଁ ଫୋନ ବାର୍ତ୍ତା ଆସିଲା। ତା'ର ଫୋନ ଆସିଲେ ତ ତାକୁ ଜଣାଇବେ। ମାତ୍ର ତା'ର ଫୋନ୍ ଆସୁନାହିଁ। ସବ୍ୟସାଚୀ ଘୋର ଉଦ୍‌ବେଗ ଓ ଉତ୍କଣ୍ଠାରେ ରହିଲେ। ଆଶଙ୍କା ହେଲା, କୌଣସି ଅଘଟଣ ଘଟିଲା କି? ପ୍ରାୟ ଦେଢ଼ଘଣ୍ଟା ପର୍ଯ୍ୟନ୍ତ ସବ୍ୟସାଚୀ ସେହିପରି ଅନ୍ଧାରରେ ରହି ଅସ୍ଥିର ହେଉଥିଲେ। ସେଇ ବ୍ୟସ୍ତତାର ଅବସାନ ଘଟାଇ ଉଦ୍ଧାରକାରୀ ଦଳ ନିକଟରୁ ଫୋନ୍ ଆସିଲା। ଦେଢ଼ଘଣ୍ଟାର କାହାଣୀ ସେମାନେ ଜଣାଇଲେ। ପ୍ରଥମେ କହିଲେ ଆମ ମିଶନ ସଫଳ ହୋଇଛି। ସବ୍ୟସାଚୀ ଆଶ୍ୱସ୍ତ ଓ ଆନନ୍ଦିତ ହେଲେ। ଛଦ୍ମବେଶୀ ମହିଳା ପୁଲିସ କାଳୀମା' ମନ୍ଦିର ନିକଟରେ ପହଞ୍ଚୁ ନ ପହଞ୍ଚୁ ନାଲି ଶାଢ଼ୀ ପିନ୍ଧା ଜଣେ ଝିଅ ଦୌଡ଼ି ଦୌଡ଼ି ଆସି ତାଙ୍କୁ ଧରି କାନ୍ଦିବାକୁ ଲାଗିଲା। ସେ ବୋଧେ ତାଙ୍କ ବାଟକୁ ଚାହିଁ ରହିଥିଲା। ତା'ର କାନ୍ଦ ଦେଖି ମହିଳା ପୁଲିସ ଜଣକ କ୍ଷଣକ ପାଇଁ ଭାବବିହ୍ୱଳ ହୋଇଗଲେ। ପରମୁହୂର୍ତ୍ତରେ କର୍ତ୍ତବ୍ୟ ସଚେତନ ହୋଇ ସେ ଝିଅ ସହିତ କ୍ଷିପ୍ର ପଦପାତରେ ଆଗକୁ ବଢ଼ିଲେ। କାରଣ ସେ ସ୍ଥାନରେ ଅଧିକ ସମୟ ଅଟକି ରହିବା ନିରାପଦ ନ ଥିଲା। ବାଟରେ ଏକ ଅଟୋ ରିକ୍ସାକୁ ଦେଖି ସେଥିରେ ଶୀଘ୍ର ପଳାଇବେ ବୋଲି ଭାବିଲେ। କିନ୍ତୁ ଅଟୋବାଲା ତାଙ୍କୁ ସନ୍ଦେହ ସୂଚକ ପ୍ରଶ୍ନକଲା କେଉଁଠୁ ଆସିଲ? କେଉଁଆଡ଼େ ଯିବ? ଏପରି ଲୋକ ସହ ଯିବା ନିରାପଦ ନୁହେଁ ମନେକରି ସେ ଦୁହେଁ ସେମାନଙ୍କର ପଦଯାତ୍ରା ଜାରି ରଖିଲେ। ଅଳ୍ପ ସମୟ ମଧ୍ୟରେ ସେମାନେ ପୁଲିସ ଗାଡ଼ି ପାଖରେ ପହଞ୍ଚିଗଲେ। ସେମାନେ ଗାଡ଼ିରେ ବସୁ ନ ବସୁଣୁ ତାହା ପବନ ବେଗରେ ଦୌଡ଼ିବାକୁ ଲାଗିଲା। ମଧ୍ୟପ୍ରଦେଶର ସୀମା ପାରହୋଇ ଓଡ଼ିଶା ରାଜ୍ୟ ମଧ୍ୟରେ ନିରାପଦ ଦୂରତା ଅତିକ୍ରମ

କଲାପରେ ଗାଡ଼ି ଅଟକିଲା । ଗାଡ଼ିରେ ଥିବା ଲୋକେ ଚା'ପାଣି ଖାଇଲେ । ସେହି ସ୍ଥାନରୁ ଫୋନ୍ ଆସିଛି ।

ଗାଡ଼ି ଆସି କେନ୍ଦୁଝରରେ ପହଞ୍ଚିଲା । ଏହା ଥିଲା ଏକ ବିଜୟ ବାହୁଡ଼ା । ଲଳିତା ନାୟକକୁ ପୋଲିସ ହେପାଜତରେ ରଖାଗଲା । ସେଦିନ ଥିଲା ୨୦୨୩ ମସିହା ଜୁନ ୨୯ ତାରିଖ । ଲଳିତାର ମୁକ୍ତି ଦିବସ । ତା'ର ସୁବିଧା ପାଇଁ ସବ୍ୟସାଚୀ ତାଙ୍କର ପୂର୍ବ ପରିଚିତ ଜଣେ ସ୍ଥାନୀୟ ସ୍ୱେଚ୍ଛାସେବୀଙ୍କ ଜରିଆରେ ଗୋଟିଏ ମୋବାଇଲ କିଣି ତାକୁ ଯୋଗାଇ ଦେଇଥିଲେ । ସେ ସବ୍ୟସାଚୀଙ୍କ ନିକଟରେ ଅଶେଷ କୃତଜ୍ଞତା ପ୍ରକାଶ କଲା । ସବ୍ୟସାଚୀଙ୍କ ସଦିଚ୍ଛା ଓ ପୁଲିସ ଭାଇ ଭଉଣୀମାନଙ୍କର ସହଯୋଗ ବଳରେ ଲଳିତା ନାୟକ ଶତ୍ରୁ ଶିବିରରୁ ଉଦ୍ଧାର ପାଇଲା । ସମସ୍ତଙ୍କ ପ୍ରତି ସେ କୃତଜ୍ଞ । ସେ କହିଲା ସେମାନଙ୍କ ଲାଗି ସେ ନୂଆ ଜୀବନ ପାଇଲା । ପୁଲିସବାଲାଙ୍କର ଏହି କାର୍ଯ୍ୟଟି ସେମାନଙ୍କର ଗୌରବ ମୁକୁଟରେ ଆଉ ଏକ ମାଣିକ ରୂପେ ଶୋଭା ବର୍ଦ୍ଧନ କଲା ।

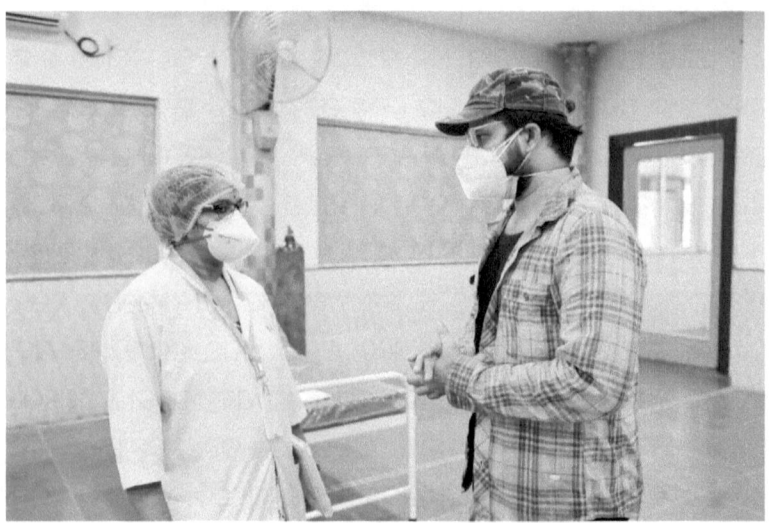

# ସବ୍ୟସାଚୀ ମୋ ପାଇଁ 'ଜଗା'

୨୦୨୩ ମସିହା ସେପ୍ଟେମ୍ବର ୨୩ ତାରିଖର ଘଟଣା। ସନ୍ଧ୍ୟା ଯାଇ ଅନ୍ଧାର ମାଡ଼ି ଆସିଲାଣି। ସବ୍ୟସାଚୀ ନିଜ କାରରେ ପୁରୀରୁ ଭୁବନେଶ୍ୱର ଫେରୁଥାଆନ୍ତି। ସେଠାରେ ତାଙ୍କର କୌଣସି ଜରୁରୀ କାର୍ଯ୍ୟ ଥାଏ। ପିପିଲି ଉପକଣ୍ଠରେ ପହଞ୍ଚିଲା ବେଳକୁ କାର୍ ଲାଇଟ୍‌ରେ ସେ ଦେଖିପାରିଲେ ଗୋଟିଏ ମଟର-ସାଇକେଲ୍ ତଳେ ପଡ଼ିଛି। ଦୁଇଜଣ ବ୍ୟକ୍ତି ଅଚେତ ଅବସ୍ଥାରେ ରାସ୍ତାରେ ପଡ଼ିଛନ୍ତି ରକ୍ତାକ୍ତ ହୋଇ। ଏକ ପ୍ରୌଢ଼ା ନାରୀ କାନ୍ଦି କାନ୍ଦି କହୁଛନ୍ତି-ମୋ ସ୍ୱାମୀଙ୍କୁ, ମୋ ପୁଅକୁ ବଞ୍ଚାଅ। କିଛି ଲୋକ ସେମାନଙ୍କୁ ଘେରିକରି ରହିଛନ୍ତି। ଏ ଦୃଶ୍ୟ ଦେଖି ସବ୍ୟସାଚୀ ଆଗକୁ ବଢ଼ି ପାରିଲେ ନାହିଁ। ସେଠାରେ ଗାଡ଼ି ରଖି ଘଟଣା ସ୍ଥଳକୁ ଗଲେ। ଜାଣିଲେ ଯେ ଜଣେ ଯୁବକ ନିଜ ପ୍ରୌଢ଼ ବାପମା'ଙ୍କୁ ମଟର-ସାଇକେଲରେ ବସାଇ ପୁରୀ ନେଇଥିଲେ ଜଗନ୍ନାଥ ଦର୍ଶନ ପାଇଁ। ଫେରିଲା ବେଳକୁ ପିପିଲି ନିକଟରେ ଗୋଟିଏ ଗାଈ ଗାଡ଼ି ଆଗକୁ ଆସିଯାଉଛି ଦେଖି ଚାଳକ ହଠାତ୍ ବ୍ରେକ୍ ଦେବାରୁ ଦୁର୍ଘଟଣା ଘଟିଲା। ଜମିଥିବା ଲୋକେ ଆମ୍ବୁଲାନ୍ସକୁ ଫୋନ୍ କରୁଛନ୍ତି, ମାତ୍ର ଫୋନ୍ ଲାଗୁନାହିଁ। ସବ୍ୟସାଚୀ କାଳବିଳମ୍ବ ନକରି ନିଜ କାରରେ ଥିବା ସାଥୀମାନଙ୍କୁ ଓହ୍ଲାଇ ଦେଇ ଦୁର୍ଘଟଣା ଗ୍ରସ୍ତ ବାପ, ପୁଅ ଓ ପୁଅର ମା'କୁ ସେଥିରେ ନେଇ ତୁରନ୍ତ ଯାଇ ପହଞ୍ଚିଲେ ପିପିଲି ଡାକ୍ତରଖାନାରେ, ପ୍ରାଥମିକ ଚିକିତ୍ସା ପାଇଁ। ସ୍ଥାନୀୟ ଡାକ୍ତର ପରୀକ୍ଷା କରି ସେମାନଙ୍କୁ ଅତି ଶୀଘ୍ର ଭୁବନେଶ୍ୱର ଛଅ ନମ୍ବର ଚିକିତ୍ସାଳୟକୁ ନେଇଯିବାକୁ ମତଦେଲେ। କାରଣ ତାଙ୍କ ବିଚାରରେ ଆହତମାନଙ୍କ ଅବସ୍ଥା ଥିଲା ସଂକଟାପନ୍ନ। ପୁଅ ଅଶୋକର ଅବସ୍ଥା ଅଧିକ ଗୁରୁତର ପ୍ରତୀୟମାନ ହେଉଥାଏ। ଯେହେତୁ ତାଙ୍କ ଶରୀରରୁ ଅଧିକ ରକ୍ତସ୍ରାବ ହୋଇସାରିଥାଏ।

ସବୁକଥାକୁ ପଛରେ ପକାଇ ସବ୍ୟସାଚୀ ସେଠାରୁ ସିଧା ଚାଲିଲେ ଭୁବନେଶ୍ୱର। ବାଟରେ ଘୋର ବର୍ଷା ହେଲା। ବିଜୁଳି ମାରୁଥାଏ। ତା' ସାଙ୍ଗକୁ କାର ଭିତରେ ମା'ଙ୍କ ଆଖିରୁ ଝରୁଥାଏ ଲୁହ। ସମସ୍ତଙ୍କ ମନରେ ଉଦ୍‌ବେଗ, ଉତ୍କଣ୍ଠା ଓ ଆଶଙ୍କା। ଏପରି ଗମ୍ଭୀର ପରିବେଶରେ ସବ୍ୟସାଚୀଙ୍କ ଗାଡ଼ି ଚାଲିଥାଏ। ଭୁବନେଶ୍ୱର ଡାକ୍ତରଖାନାରେ ଗାଡ଼ି ପହଞ୍ଚିଲା। ଅବିଳମ୍ବେ ଆହତମାନଙ୍କ ଚିକିତ୍ସା ଆରମ୍ଭ ହେଲା। ସବ୍ୟସାଚୀ ସେଠାରେ ଉପସ୍ଥିତ ଥାଆନ୍ତି। କିଛି ସମୟ ପରେ ଅଚେତ ବାପ, ପୁଅଙ୍କର ଚେତା ଫେରିଆସିଲା। ସେମାନଙ୍କ ଶରୀରର କ୍ଷତ ବିକ୍ଷତ ସ୍ଥାନରେ ବ୍ୟାଣ୍ଡେଜ କରାଯାଇ ସେମାନଙ୍କର ରୂପ ବଦଳି ଯାଇଥିଲା। ସମସ୍ତଙ୍କର ଆଶଙ୍କା ଦୂରହେଲା।

ମାଉସୀ (ପୁଅର ମା')ଙ୍କ ପିଣ୍ଡରେ ପ୍ରାଣ ପଶିଲା। ସେ ଲୋତକପୂର୍ଣ୍ଣ ଚକ୍ଷୁ ଓ କୃତଜ୍ଞତା ଭିଜା କଣ୍ଠରେ ପ୍ରକାଶ କଲେ- ସବ୍ୟସାଚୀ ମୋ ପାଇଁ ଜଗା (ଜଗନ୍ନାଥ)। ସେ ମୋର ବଡ଼ପୁଅ। ତାଙ୍କ ଲାଗି ମୁଁ ମୋର ସ୍ୱାମୀ ଓ ପୁଅକୁ ଫେରିପାଇଲି। ତାଙ୍କ ଋଣ ମୁଁ ଏ ଜନ୍ମରେ ଶୁଝି ପାରିବି ନାହିଁ। ଭଗବାନ ତାଙ୍କର ଅଧିକରୁ ଅଧିକ କରନ୍ତୁ। ଦୁର୍ଘଟଣାଗ୍ରସ୍ତ ପରିବାରର ଅନ୍ୟଜଣେ ପୁଅ ଭିଡ଼ିଓ କରି ଜଣାଇଲେ- ସବ୍ୟସାଚୀଙ୍କ ପାଇଁ ମୁଁ ମୋ ପରିବାରକୁ ଫେରିପାଇଲି। ତାଙ୍କ ନିକଟରେ ଆମେ ସବୁଦିନ ପାଇଁ ଋଣୀ ରହିବୁ। ଟିକିଏ ସୁସ୍ଥତା ଅନୁଭବ କରିବା ପରେ ବାପା କହିଲେ- "ସବ୍ୟସାଚୀଙ୍କ ଋଣ ମୁଁ ସାତ ଜନ୍ମରେ ଶୁଝି ପାରିବି ନାହିଁ।" ସତେ ଯେପରି ବିପଦ ସ୍ରୋତରେ ଭାସିଯାଉଥିବା ଜୀବନ ନୌକା କୂଳରେ ଲାଗିଲା। ସମସ୍ତେ ଆଶ୍ୱସ୍ତିର ଦୀର୍ଘଶ୍ୱାସ ମାରିଲେ।

ସବ୍ୟସାଚୀ କହିଲେ- ମୁଁ ପୁରୀଯାଇ କେବେ ଜଗନ୍ନାଥ ଦର୍ଶନ ନକରି ଫେରିନାହିଁ। କିନ୍ତୁ ସେଦିନ ହଠାତ୍ ଭୁବନେଶ୍ୱରରେ ଜରୁରୀ କାର୍ଯ୍ୟ ପଡ଼ିବାରୁ ଜଗନ୍ନାଥଙ୍କୁ ଦର୍ଶନ କରିନପାରି ଫେରୁଥିଲି। ବୋଧହୁଏ ବିପଦର ସମ୍ମୁଖୀନ ହୋଇଥିବା ତାଙ୍କ ଭକ୍ତଙ୍କୁ ଭେଟିବାପାଇଁ ସେ ମୋତେ ପଠାଇଥିଲେ। ପୁନଶ୍ଚ ଜନସାଧାରଣଙ୍କ ଅବଗତି ନିମନ୍ତେ ସେ ଏକ ଭିଡ଼ିଓବାର୍ତ୍ତାରେ ଉଲ୍ଲେଖ କରିଥିଲେ "ଦୁର୍ଘଟଣା କେତେ ଭୟଙ୍କର ତାହା କେବଳ ସେହି ପରିବାର ଜାଣନ୍ତି ଯିଏ ଦୁର୍ଘଟଣାରେ ପଡ଼ିଛନ୍ତି, ହେଲେ ଆମେ ଚାହିଁଲେ ଗୋଟିଏ ପରିବାରକୁ ଛାରଖାର ହେବାରୁ ବଞ୍ଚାଇ ପାରିବା। ଆଜି ଭଗବାନ ମୋତେ ସୁଯୋଗ ଦେଲେ, କାଲି

ହୁଏତ ଆପଣଙ୍କୁ ବାଛି ପାରନ୍ତି। ଜୀବନ ବଞ୍ଚାଇବାର ସେଇ ଦୈବୀ ସୁଯୋଗକୁ କେହି କେବେ ହାତଛଡ଼ା କରିବେ ନାହିଁ। ଗୋଟିଏ ଜୀବନ ନେବା ଯେପରି ପାପ, ଗୋଟିଏ ଜୀବନ ବଞ୍ଚାଇବା ସେହିପରି ପୁଣ୍ୟ। ଏହି ଭିଡ଼ିଓଟି ଦେଖିଲେ ଆପଣ ବୁଝିପାରିବେ ଆପଣଙ୍କ ସାହାଯ୍ୟ ସେଇ ପରିବାରସବୁ ପାଇଁ କେତେ ଜରୁରୀ। ଏଠାରୁ ଅନୁପ୍ରାଣିତ ହୋଇ ଯଦି ଗୋଟେ ବି ଜୀବନ ବଞ୍ଚିଗଲା ତେବେ ମତେ ଲାଗିବ ଏହି ବାର୍ତ୍ତା ଠିକ୍ ଲୋକଙ୍କ ପାଖେ ପହଞ୍ଚିଛି।

# ଅବସାଦ ଅପସରି ଗଲା

କେନ୍ଦ୍ରାପଡ଼ା ଜିଲ୍ଲା ଅନ୍ତର୍ଗତ ରାଜନଗର ଅଞ୍ଚଳର ଜଣେ ଗରିବ ଲୋକ। ମାଛଧରି ଜୀବିକା ନିର୍ବାହ କରନ୍ତି। ତାଙ୍କର ଗୋଟିଏ ପୁତ୍ର ସନ୍ତାନ ଜନ୍ମ ଗ୍ରହଣ କଲା। ବାପା ମା'ଙ୍କ ମନରେ ଅସୀମ ଆନନ୍ଦ। ମାତ୍ର ତାହା ଥିଲା କ୍ଷଣସ୍ଥାୟୀ। ସେହି ଆନନ୍ଦ ଅଚିରେ ନିରାନନ୍ଦରେ ପରିଣତ ହୋଇଗଲା ଯେତେବେଳେ ଦେଖାଗଲା ପୁଅ ବେକ ପଛରେ ମୁଣ୍ଡ ଆକାରର ଏକ ଆବୁ ରହିଛି। ପୁତ୍ର ସନ୍ତାନ ଦାନ କରି ପ୍ରଭୁ ଆମ ପ୍ରତି ଅପାର କରୁଣା କଲେ। ମାତ୍ର ପୁତ୍ରକୁ ଆବୁଯୁକ୍ତ କରି ଏପରି ନିର୍ଦ୍ଦୟ ହେଲେ କାହିଁକି ? ପିତା ମାତା ଚିନ୍ତା କଲେ। ପୁଅର ନାମ ରଖାଗଲା ଶୁଭମ୍ ସେଠୀ। ସମୟକ୍ରମେ ଶିଶୁର ଶରୀରର ବୃଦ୍ଧି ସଙ୍ଗେ ସଙ୍ଗେ ତାଳ ରଖି ବୃଦ୍ଧି ପାଉଥାଏ ଆବୁର ଆକାର। ଚାହୁଁ ଚାହୁଁ ୫ମାସ ସମୟ ଅତିବାହିତ ହୋଇଗଲା। ବାପ ମା'ଙ୍କର ଗୋଟିଏ ଚିନ୍ତା କିପରି ପୁଅ ଭଲ ହେବ! ସେମାନଙ୍କର ଦୁର୍ବଳ ଆର୍ଥିକ ଅବସ୍ଥା ଏହି ଚିନ୍ତାକୁ ଦ୍ୱିଗୁଣିତ କରୁଥାଏ। କେଉଁ କାମରେ ସେମାନଙ୍କର ମନ ଲାଗୁ ନଥାଏ। ଶିଶୁର ଚଳିବାରେ ମଧ୍ୟ ଅସୁବିଧା ଆରମ୍ଭ ହେଲା। ସେମାନଙ୍କୁ କୌଣସି ବୁଦ୍ଧିବାଟ ଦେଖା ଯାଉନଥାଏ। ସବ୍ୟସାଚୀଙ୍କୁ ଜାଣିଥିବା ଜଣେ ଅଞ୍ଚଳବାସୀ ସେମାନଙ୍କ ଦୁଃଖରେ ସହାନୁଭୂତି ଅନୁଭବ କରିଥିଲେ। ସବ୍ୟସାଚୀ କିଛି କରିପାରନ୍ତି ମନେକରି ତାଙ୍କୁ ଘଟଣାଟି ଜଣାଇଲେ। ସବ୍ୟସାଚୀ ସେ ଶିଶୁର ଭିଡ଼ିଓ ଚିତ୍ର ମଗାଇ ଡାକ୍ତରଙ୍କ ସଙ୍ଗେ ପରାମର୍ଶ କଲେ। ତତ୍‌ପରେ ୫ମାସର ଶିଶୁଟିକୁ କଟକ ବଡ଼ ଡାକ୍ତରଖାନାକୁ ଅଣାଇଲେ। ବାପ ମା ଶିଶୁଟିକୁ ଆଣି ଆସିଥିଲେ। ସେଠାରେ ତା'ର ଚିକିତ୍ସା ଆରମ୍ଭ ହେଲା। ସମସ୍ତ ସମୟ ବାପ ମା' ପିଲାଟି ନିକଟରେ ରହିଥିଲେ। ଅପରେସନଦ୍ୱାରା ଆବୁଟିକୁ ମୂଳୋତ୍ପାଟିତ କରାଗଲା। ଘା' ଶୁଖିଲା

ପର୍ଯ୍ୟନ୍ତ ସେମାନେ ସେଠାରେ ରହିଲେ। ଘା’ ଶୁଖିଗଲା ପରେ ଶିଶୁଟି ସାଧାରଣ ଶିଶୁ ପରି ହୋଇଗଲା। ତା’ର ସ୍ୱଚ୍ଛନ୍ଦ ଚଳଣିରେ ଆଉ କୌଣସି ଅସୁବିଧା ରହିଲା ନାହିଁ। ଦୀର୍ଘ ପାଞ୍ଚମାସ ବ୍ୟାପୀ ଅବସାଦର ଅବସାନ ଘଟିଲା। ସେମାନଙ୍କ ମୁହଁରେ ହସ ଫୁଟିଲା। କୃତଜ୍ଞତାରେ ସବ୍ୟସାଚୀଙ୍କ ନିକଟରେ ସେମାନଙ୍କର ମଥା ନଇଁ ଆସିଲା। ସେମାନେ ଭାବିଲେ ସବ୍ୟସାଚୀ ତାଙ୍କ ପୁଅକୁ ନୂଆ ଜୀବନ ଦେଲେ। କହିବା ବାହୁଲ୍ୟ ଚିକିତ୍ସାର ସମସ୍ତ ଖର୍ଚ୍ଚ ବହନ କରିଥିଲେ ନିଜେ ସବ୍ୟସାଚୀ। ଏହା ଥିଲା ୨୦୨୧ ମସିହା ମେ ମାସର ଘଟଣା।

ଏହାର କିଛି ଦିନ ପରେ ଦିନେ ଜଣେ ବ୍ୟକ୍ତି ଆସି ସବ୍ୟସାଚୀଙ୍କ ଭୁବନେଶ୍ୱରସ୍ଥ ବାସଭବନରେ କଲିଙ୍ଗ୍ ବେଲ୍ ବଜାଇଲେ। ଦୁଆର ଖୋଲି ସବ୍ୟସାଚୀ ଦେଖିଲେ ଶୁଭମ୍‌ର ବାପା ଠିଆହୋଇଛନ୍ତି। ସେ ପଚାରିଲେ, “ପୁଣି କ’ଣ ହେଲା ? କାହିଁକି ଆସିଛ ?” ଶୁଭମ୍‌ର ବାପା ତା’ ବ୍ୟାଗରୁ ଦୀର୍ଘକାୟ ମାଛଟିଏ ବାହାର କଲା। କହିଲା, “ଏହା ଆପଣଙ୍କ ପାଇଁ ଆଣିଛି।” ଏହାର କ’ଣ ଆବଶ୍ୟକତା ଥିଲା ?” ସବ୍ୟସାଚୀ ପ୍ରଶ୍ନ କଲେ। ଲୋକଟି କହିଲା, “ଆପଣ ଆମର ଯେଉଁ ଉପକାର କରିଛନ୍ତି ଆମେ ଏ ଜନ୍ମରେ ଆପଣଙ୍କ ଋଣ ଶୁଝି ପାରିବୁ ନାହିଁ। ମୁଁ ତ ଗରିବ ଲୋକ, କ’ଣ ଦେଇ ପାରିବି ? ଏଇ ବଡ଼ ମାଛଟିକୁ ଧରିଥିବାରୁ ଆପଣଙ୍କ ପାଇଁ ଆଣିଛି। ଦୟାକରି ରଖନ୍ତୁ।” ତା’ର କୃତଜ୍ଞତା ସ୍ୱରୂପ ସେହି ଉପହାରଟିକୁ ସବ୍ୟସାଚୀ ଗ୍ରହଣ କଲେ ଧନ୍ୟବାଦ ପ୍ରଦାନ କରି। ଅନ୍ୟକୁ ବିପଦରୁ ବା ଦୁଃଖରୁ ଉଦ୍ଧାର କରି ତାଙ୍କ ମୁହଁରେ ହସ ଫୁଟାଇ ପାରିଲେ ସେ ଆତ୍ମସନ୍ତୋଷ ଲାଭ କରନ୍ତି। କୌଣସି ପ୍ରତିଦାନ ପାଇଁ କେବେ ଇଚ୍ଛା କରନ୍ତି ନାହିଁ।

■

# ଦୁବାଇରେ ପ୍ରବାସୀ ଓଡ଼ିଆ

ମଧ୍ୟ ପ୍ରାଚ୍ୟରେ ବହୁ ଭାରତୀୟଙ୍କ ମଧ୍ୟରେ ଅନେକ ଓଡ଼ିଆ ମଧ୍ୟ ଅର୍ଥ ଉପାର୍ଜନ ପାଇଁ ରହିଛନ୍ତି । ସବୁଠାରୁ ବେଶି ଅଛନ୍ତି ଦୁବାଇରେ । କୋଭିଡ୍-୧୯ ବ୍ୟାପିଥିଲା ସମୟରେ ଘରକୁ ଫେରି ନପାରି ଏବଂ କର୍ମ ବନ୍ଦ ପାଇଁ ଉପାର୍ଜନ ହରାଇ ପ୍ରବାସୀମାନେ ବହୁ ଦୁର୍ଦ୍ଦିନର ସମ୍ମୁଖୀନ ହୋଇଛନ୍ତି । ତନ୍ମଧ୍ୟରୁ ଗୋଟିଏ ଘଟଣା ଏହିପରି । ହାଇଦ୍ରାବାଦର ଜଣେ ମାଲିକ ଦୁବାଇରେ ଏକ ହୋଟେଲ ଚଳାଉଥିଲେ । ସେଇ ହୋଟେଲର ଯିଏ ମୁଖ୍ୟ ରୋଷେୟା ସିଏ ଜଣେ ଓଡ଼ିଆ । ତା' ଘର ପୁରୀ ଜିଲ୍ଲାର କାକଟପୁର । ସେ ଭଲ ବିରିଆନି ତିଆରି କରିପାରେ । ତା'ର ଥିଲେ ଦୁଇଜଣ ସହଯୋଗୀ । ସେମାନଙ୍କ ମଧ୍ୟରୁ ଜଣେ ଓଡ଼ିଆ ଓ ଅନ୍ୟଜଣେ ଅଣଓଡ଼ିଆ । ସେ ତିନିଜଣ ଏକାଠି ରହୁଥିଲେ ।

କୋଭିଡ୍-୧୯ ଆରମ୍ଭ ହେବା ପୂର୍ବରୁ ମାଲିକ ସେମାନଙ୍କୁ ୪/୫ ମାସର ଦରମା ଦେଇ ନଥିଲେ । ତାହା ଆରମ୍ଭ ହେବା ପରେ ହୋଟେଲ ବନ୍ଦ ହୋଇଗଲା । ତେଣୁ ଆଉ ଦରମା ମିଳିଲା ନାହିଁ । ସେମାନଙ୍କର ରହିବା, ଖାଇବାରେ ସମସ୍ୟା ଦେଖା ଦେଲା । ଅଧିକନ୍ତୁ ମାଲିକ ସେମାନଙ୍କର ପାସପୋର୍ଟଗୁଡ଼ିକ ଜୋର କରି ସେମାନଙ୍କଠାରୁ ନେଇଯାଇ ନିଜ ପାଖରେ ରଖିଥିଲା । କୌଣସି କାରଣରୁ ସେହି କର୍ମଚାରୀଙ୍କ ଉପରେ ରାଗିଯାଇ ସେ ଧମକାଉଥାଏ ଦରମା ଦେବିନି କି ପାସପୋର୍ଟ ଦେବିନି । ତୁମେ ସେଠାରେ ମରିବ । ସେତେବେଳକୁ ସେ ଦୁବାଇ ଛାଡ଼ି ହାଇଦ୍ରାବାଦରେ ରହୁଥାଏ । ଅଭାବ ଲାଗି ସେହି ତିନିଜଣ ମୋବାଇଲ ରିଚାର୍ଯ କରିପାରି ନଥିଲେ । ସେମାନଙ୍କର ଜଣେ ବୟସ୍କ ପାକିସ୍ତାନୀ ସହକର୍ମୀ ସେମାନଙ୍କୁ ତାଙ୍କର ମୋବାଇଲ ଦିଅନ୍ତି ।

ତାହା ସାହାଯ୍ୟରେ ସେମାନେ ନିଜ ଘର ସହିତ କଥା ହୋଇ ପାରନ୍ତି। ଯେତେବେଳେ ସେମାନଙ୍କର ମାନସିକ ଅବସାଦ ବୃଦ୍ଧି ପାଇଲା ଏବଂ ରକ୍ଷା ପାଇବାର ଆଉ କୌଣସି ଉପାୟ ଦେଖାଗଲା ନାହିଁ ସେତେବେଳେ ସେମାନେ ଫୋନ ଯୋଗେ ସବ୍ୟସାଚୀଙ୍କୁ ନିଜ ଦୁଃଖ ଜଣାଇଲେ। ଦୁବାଇରେ ସ୍ମାଇଲ୍ ଫୋର୍ସର ସ୍ୱେଚ୍ଛାସେବୀ ଥାଆନ୍ତି। ସେହିପରି କେତେଜଣ ସ୍ୱେଚ୍ଛାସେବୀଙ୍କୁ ସବ୍ୟସାଚୀ ଅନୁରୋଧ କଲେ ଉକ୍ତ ରୋଷେୟା ଦଳଙ୍କ କଥା ବୁଝିବା ପାଇଁ। ସେମାନେ ଉକ୍ତ ରୋଷେୟାମାନଙ୍କ ପାଖରେ ପହଞ୍ଚି କହିଲେ ସବ୍ୟଭାଇ ଆମକୁ ପଠାଇଛନ୍ତି। ତା'ପରେ ସେମାନେ ସେମାନଙ୍କର ଖାଇବା ବ୍ୟବସ୍ଥା କରାଇଦେଲେ। ସେମାନେ ସବ୍ୟସାଚୀଙ୍କ ପରାମର୍ଶ ଅନୁଯାୟୀ ସେଠାକାର ପୁଲିସ କର୍ତ୍ତୃପକ୍ଷଙ୍କ ସାହାଯ୍ୟ ମାଗିଲେ। ସେମାନେ ପୁର୍ବୋକ୍ତ ତିନିଜଣଙ୍କର ପାସପୋର୍ଟ ଫେରାଇ ଦେବାପାଇଁ ହୋଟେଲ ମାଲିକ ଉପରେ ଚାପ ପକାଇଲେ। ଧମକାଇଲେ ଯଦି ପାର୍ସପୋର୍ଟ ସେ ନ ଫେରାନ୍ତି ତେବେ ତାଙ୍କ ହୋଟେଲକୁ ଦୁବାଇରେ ରଖାଇ ଦିଆଯିବ ନାହିଁ। ସବ୍ୟସାଚୀ ମଧ୍ୟ ଭାରତୀୟ ପୁଲିସ୍ ସାହାଯ୍ୟରେ ସେଥିପାଇଁ ଚାପ ସୃଷ୍ଟି କଲେ। ଦୁବାଇ ସ୍ୱେଚ୍ଛାସେବୀ ପ୍ରସ୍ତାବ କଲେ କର୍ମଚାରୀମାନେ ବାକିଆ ଦରମା ନ ମାଗି କେବଳ ପାସପୋର୍ଟ ଫେରାଇ ଦେବାକୁ ଅନୁରୋଧ କରନ୍ତୁ। ଦରମା ବିଷୟ ପରେ ବୁଝିବା। ସେହିପରି କର୍ମଚାରୀ ମାଲିକଙ୍କୁ କହିଲେ, "ଆମ ବାକିଆ ବେତନ ପଛେ ନ ଦିଅ, ଆମ ପାସପୋର୍ଟ ଫେରାଇଦିଅ। ସେମାନେ ପାସପୋର୍ଟ ଫେରି ପାଇଲେ। ଇତି ମଧ୍ୟରେ ଦୁବାଇରୁ ଏକ ସ୍ୱତନ୍ତ୍ର ବିମାନ ଭୁବନେଶ୍ୱର ଆସିବାର ପ୍ରସ୍ତାବ ହେଲା। ସବ୍ୟସାଚୀ ନିଜ ଖର୍ଚ୍ଚରେ ସେମାନଙ୍କ ପାଇଁ ତିନୋଟି ଟିକେଟ କରାଇ ଦେଲେ। ଶେଷକୁ ସେମାନେ ଆସି ଭୁବନେଶ୍ୱରରେ ପହଞ୍ଚିଲେ। ସବ୍ୟସାଚୀଙ୍କୁ ସାକ୍ଷାତରେ କୃତଜ୍ଞତା ଜଣାଇ ବିଦାୟ ନେଲେ। ପ୍ରଧାନ ରୋଷେୟା ସବ୍ୟସାଚୀଙ୍କୁ କହିଲେ ସେ ଆଉ ବିଦେଶ ଯିବାକୁ ଚାହୁଁ ନାହାଁନ୍ତି। ନିଜ ଘର ପାଖରେ ସେ ଏକ ଫାଷ୍ଟଫୁଡ୍ ବ୍ୟବସାୟ କରିବେ। ସେତେବେଳେ ସେ ଥିଲେ ଅର୍ଥଶୂନ୍ୟ। ମୂଳଧନ ସ୍ୱରୂପ ସବ୍ୟସାଚୀ ତାଙ୍କୁ କିଛି ଅର୍ଥ ପ୍ରଦାନ କଲେ। ସେଥିରେ ସେ ତାଙ୍କ ସ୍ୱପ୍ନକୁ ସାକାର କଲେ। ବ୍ୟବସାୟରେ ନାମ ରଖିଲେ "ସବ୍ୟସାଚୀ ଫାଷ୍ଟଫୁଡ୍ ସେଣ୍ଟର"। ତାଙ୍କଦ୍ୱାରା ପ୍ରସ୍ତୁତ ବିରିଆନି

ବେଶ୍ ଲୋକପ୍ରିୟ ହେଲା ଏବଂ ବ୍ୟବସାୟ ମଧ୍ୟ ହେଲା ଅର୍ଥକରୀ। ଭାରତକୁ ଫେରି ଆସିଥିବା ଉକ୍ତ ତିନିଜଣଙ୍କ ହୃଦୟ କନ୍ଦରରେ ଏହି ଭାବ ପ୍ରତିଧ୍ୱନିତ ହେଉଥିଲା- ସବ୍ୟସାଚୀ ସାହାଯ୍ୟ କରି ନଥିଲେ ଆମେ କଣ ଦେଶକୁ ଫେରିପାରିଥାଆନ୍ତୁ ? ଦୁବାଇରେ ହିଁ ଆମର ଜୀବନ ଯାଇଥାଆନ୍ତା।

# ଅଚଳ ହାତ ସଚଳ ହେଲା

କୋଭିଡ୍ ସମୟ। ପୁରୀ ଜିଲ୍ଲାର କିଶୋରୀ ଝିଅଟିଏ। ନାମ କୁନି। ତା'ର ଡାହାଣ ହାତ ମଣିବନ୍ଧ ଉପରେ ଗୋଟିଏ ଆବୁ ବାହାରି ବୃଦ୍ଧି ପାଇବାକୁ ଲାଗିଲା। ତାହା ଗୋଟିଏ କମଳା ଆକୃତିର ହୋଇଗଲା। ଫଳରେ କୁନି ଡ଼ାହାଣ ହାତରେ କୌଣସି କାର୍ଯ୍ୟ କରିପାରିଲା ନାହିଁ। ସ୍ଥାନୀୟ ଚିକିତ୍ସାଳୟରେ ଦେଖାଇବାରୁ ସେମାନେ କହିଲେ କଚଟିରୁ ହାତକୁ କାଟିବାକୁ ହେବ। ଏହା ପରେ ଭୟରେ କୁନି ଆଉ ଚିକିତ୍ସା ପାଇଁ ଆଗ୍ରହ ପ୍ରକାଶ କଲା ନାହିଁ। ତା ହାତର ଦୂରାବସ୍ଥା ଲାଗି ସେ ଲୋକଙ୍କ ସଙ୍ଗେ ମିଶିବାକୁ ସଂକୋଚ ବୋଧ କଲା। ଦୁଃଖ ଓ ହତାଶା ମଧ୍ୟରେ ଦିନ କାଟୁଥାଏ।

ଚଳଚ୍ଚିତ୍ର ନାୟକ ସବ୍ୟସାଚୀଙ୍କର ଜଣେ ଅନୁଗାମୀ ଏହି ଘଟଣାଟି ତାଙ୍କ ଦୃଷ୍ଟିକୁ ଆଣିଲେ। ପ୍ରଥମେ କୁନି ମନରେ ଆଶା ଓ ଭରସା ସୃଷ୍ଟି କରିବା ପାଇଁ ସେ କୁନିକୁ ଦେଖାକରି ତାକୁ କହିଲେ, "କୁନି, ତୁମେ ବ୍ୟସ୍ତ ହୁଅ ନାହିଁ। ଚିକିତ୍ସା ଦ୍ୱାରା ତୁମ ହାତ ଠିକ୍ ହୋଇଯିବ ଏବଂ ତୁମେ ମୋ ହାତରେ ରାଖି ବାନ୍ଧିବାକୁ ସକ୍ଷମ ହେବ।"

ସବ୍ୟସାଚୀଙ୍କ ସାହାଯ୍ୟରେ ଭୁବନେଶ୍ୱର ଏ.ଆଇ.ଆଇ.ଏମ୍.ଏସ୍. ଚିକିତ୍ସାଳୟରେ କୁନିର ଚିକିତ୍ସା ଆରମ୍ଭ ହେଲା। ନ୍ୟୁରୋଲୋଜି, ଅର୍ଥୋପେଡିକ୍ସ, ଅଙ୍କୋଲଜି ଏବଂ ପ୍ଲାଷ୍ଟିକ୍ ସର୍ଜରୀ ବିଭାଗ ଡାକ୍ତର ମାନଙ୍କର ମିଳିତ ଚେଷ୍ଟାଦ୍ୱାରା ଦୀର୍ଘକାୟ ଆବୁଟିକୁ ଶଲ୍ୟ ଚିକିତ୍ସାଦ୍ୱାରା ମୂଳପୋଛ କରାଗଲା। ସୌଭାଗ୍ୟକ୍ରମେ ଶଲ୍ୟ ଚିକିତ୍ସା ସଫଳ ହେଲା। ଅଳ୍ପଦିନ ମଧ୍ୟରେ ହାତର ଘା' ମଧ୍ୟ ଶୁଖିଗଲା। ପେଣ୍ଡୁ ପରି ଏକ ଆବୁ ମଣିବନ୍ଧରେ ବହନ କରୁଥିବା ହାତ ସେଥିରୁ ମୁକ୍ତ ହୋଇ

ସାଧାରଣ ହାତର ରୂପକୁ ଫେରି ଆସିଲା । ଏଥିରେ ବ୍ୟୟ ହୋଇଥିବା ସମସ୍ତ ଅର୍ଥ ବହନ କରିଥିଲେ ନିଜେ ସବ୍ୟସାଚୀ । ଏହା ୨୦୨୦ ମସିହା ସେପ୍ଟେମ୍ବର ମାସ ଘଟଣା ।

ସବ୍ୟସାଚୀଙ୍କ ଭବିଷ୍ୟତ ବାଣୀ ପ୍ରକାରେ କୁନି ଆସି ରୋଗମୁକ୍ତ ହାତ ଦ୍ୱାରା ତାଙ୍କ ହାତରେ ରାଖି ବାନ୍ଧିଥିଲା କୃତଜ୍ଞତାରେ ଭିଜିଯାଇ । ଅଧିକ ଖୁସିର ଖବର ହେଉଛି ଅଳ୍ପଦିନ ପରେ କୁନିର ଜଣେ ସ୍ଥାନୀୟ ଯୁବକଙ୍କ ସଙ୍ଗରେ ବିବାହ ମଧ୍ୟ ହୋଇଗଲା । ସ୍ୱପ୍ନ ପରି ସବୁ ଘଟିଗଲା । ଅସମ୍ଭବ ପରି ପ୍ରତୀୟମାନ ହେଉଥିବା ଘଟଣାଟି ସମ୍ଭବପର ହୋଇପାରିଲା । ଏହା ପଛରେ ରହିଛି ସବ୍ୟସାଚୀଙ୍କର ସଦିଚ୍ଛା, ସହାନୁଭୂତି ଓ ସାହାଯ୍ୟ ।

■

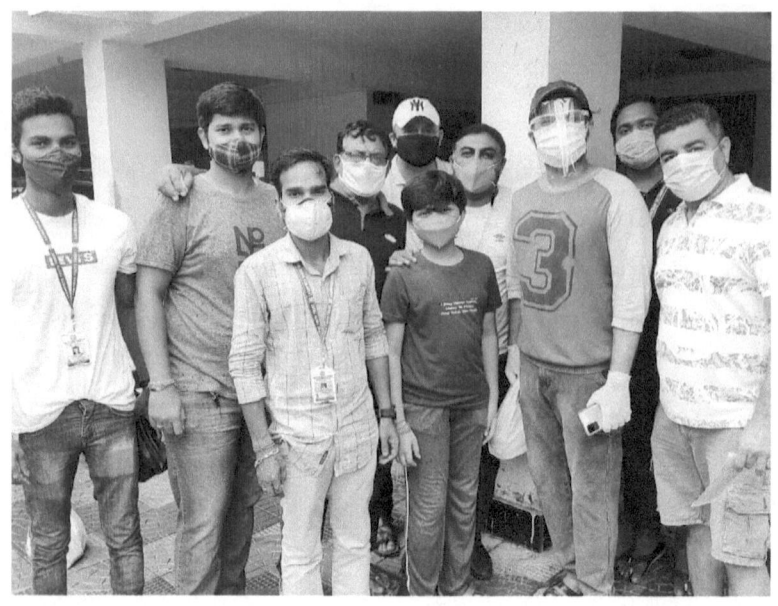

# ବିରୂପ ଶିଶୁର ସ୍ୱରୂପ ଲାଭ

୨୦୨୧ ମସିହା ଫେବୃଆରୀ ମାସ । କୋଭିଡ୍ ସମୟ । ଏତିକିବେଳେ ସବ୍ୟସାଚୀଙ୍କ ନିକଟକୁ ବଡଦରୁ ଟୁଇଟରରେ ଏହି ଖବର ଆସିଲା । ଲେଖାଥିଲା, "ସବ୍ୟସାଚୀ ଭାଇ, ମୋ ବଡ଼ ଭଉଣୀ ପାଇଁ ଜଣାଉଛି । ତା ଶିଶୁପୁତ୍ର ପିଠିରେ ଗୋଟିଏ ବଡ଼ ମାଂସ ପିଣ୍ଡୁଳା ବାହାରିଛି । ସେ କିପରି ଭଲ ହେବ ? ଆମେ ତ ଗରିବ ଲୋକ । ଆପଣ ଟିକିଏ ସାହାଯ୍ୟ କରନ୍ତୁ ।" ସେହି ଶିଶୁର ପିଠିପଟର ଫଟୋ ଆସିଥିଲା । ସେଥିରୁ ମନେ ହେଉଥିଲା ଯେପରି ତା'ର ଦୁଇଟି ମୁଣ୍ଡ । ଗୋଟିଏ ବେକ ଉପରେ ଏବଂ ଗୋଟିଏ ମେରୁଦଣ୍ଡ ତଳ ଅଂଶରେ । ତା'ର ଆକାର ମଧ୍ୟ କ୍ରମେ ବୃଦ୍ଧି ପାଉଥିଲା ।

ଅସୁସ୍ଥ ଶିଶୁର ମା' ନାମ ସଇଁତଲା ଉର୍ମା । ସେ ବଡଦ ଅଞ୍ଚଳର ଜନଜାତି ବର୍ଗର ଲୋକ । ତାର ପ୍ରେମ ବିବାହ ହୋଇଥିଲା । ଏଥିରେ ତା ପରିବାର ଲୋକଙ୍କର ସମର୍ଥନ ନ ଥିଲା । କିନ୍ତୁ ଶାଶୁ ଘରେ ସେ ସୁଖରେ ଥିଲା । କିଛିଦିନ ପରେ ସେ ସନ୍ତାନସମ୍ଭବା ହେବାର ସୂଚନା ମିଳିଲା । ସେଥିପାଇଁ ତାଙ୍କ ଘରେ ଆନନ୍ଦର ଲହରୀ ଖେଳିଗଲା । ପୁତ୍ର ସନ୍ତାନଟିଏ ଜନ୍ମ ହେଲା । ତା'ର ନାମ ରଖାଗଲା ସ୍ୱରାଜ । ମାତ୍ର ଯେତେବେଳେ ସନ୍ତାନ ଦେହରେ ଉପରେ ବର୍ଣ୍ଣିତ ଶାରୀରିକ ବିକୃତି ଦୃଷ୍ଟିଗୋଚର ହେଲା ସେତେବେଳେ ପୂର୍ବ ଆନନ୍ଦ ନିରାନନ୍ଦରେ ପରିଣତ ହେଲା । ପୁଅ ଲାଗି ମା' ପାଇଁ ଆହୁରି କଠିନ ଦୁଃଖ ଆସିବ, ତା କେହି କଳ୍ପନା କରି ପାରିନଥିଲେ । ଏପରି ବିକୃତ ଶିଶୁ ଜନ୍ମ କରିଛି, ସେ ଏକ ଡାହାଣୀ ବୋଲି ଶାଶୁଘର ଲୋକେ ଅଭିଯୋଗ କଲେ । ସେଇ ଦୋଷରେ ସ୍ୱାମୀ ଓ ଶାଶୁ ଘରର

ଅନ୍ୟମାନେ ସଇଁତଳାକୁ ପୁଅ ସହିତ ଘରୁ ବାହାର କରିଦେଲେ। ସେ କେଉଁଠିକି ଯିବ ? ବାପଘର ଇଚ୍ଛା ବିରୁଦ୍ଧରେ ସେ ବିବାହ କରିଥିଲା। ତେଣୁ ସେମାନେ ତାକୁ ଗ୍ରହଣ କରିବେ କି ନାହିଁ, ସେଥିପାଇଁ ତା'ର ଆଶଙ୍କା ଥିଲା। ମାତ୍ର ତା'ର ସାନ ଭଉଣୀ ତାକୁ ସାଦରରେ ନେଇ ଘରେ ରଖିଲା। ବର୍ତ୍ତମାନ ବଡ଼ ସମସ୍ୟା, ଶିଶୁପୁତ୍ରର ଚିକିତ୍ସା। ସେଥିପାଇଁ ସେହି ସାନ ଭଉଣୀ ସବ୍ୟସାଚୀଙ୍କର କରୁଣାପ୍ରାର୍ଥୀ।

ଏହି ଶରୀରଗତ ସମସ୍ୟାଟି ଚିକିତ୍ସାଦ୍ୱାରା ଦୂର ହୋଇ ପାରିବ ବୋଲି ସବ୍ୟସାଚୀଙ୍କର ଆଶା ହେଲା। ତେଣୁ ସେ ଦିଗରେ ସେ କାର୍ଯ୍ୟ କରିବାପାଇଁ ବଦ୍ଧ ପରିକର ହେଲେ। ତାଙ୍କର ଦରଦୀ ହୃଦୟ ତାଙ୍କୁ ଏପରି କ୍ଷେତ୍ରରେ ନୀରବ ଦ୍ରଷ୍ଟା କରି ରଖିପାରେ ନାହିଁ। ପ୍ରଥମେ ସେ ସ୍ଥାନୀୟ ପ୍ରଶାସକ ଅର୍ଥାତ୍ ବଉଦ ଆସିଷ୍ଟାଣ୍ଟ କଲେକ୍ଟରଙ୍କ ସଙ୍ଗେ ଯୋଗାଯୋଗ କଲେ। ତାଙ୍କ ସାହାଯ୍ୟରେ ପିଲାଟିର ସ୍ଥାନୀୟ ଚିକିତ୍ସାଳୟରେ ପରୀକ୍ଷା ଆରମ୍ଭ ହେଲା। ସେଠାରେ ଡାକ୍ତର କହିଲେ, ଏଥିପାଇଁ ଶୀଘ୍ର ଅପରେସନ ଦରକାର। ମାତ୍ର ଏଠାରେ ଏହା କରିବା ସମ୍ଭବ ନୁହେଁ। ଯେଉଁଠାରେ ବହୁ ବିଭାଗୀୟ ଚିକିତ୍ସାର ସୁବିଧା ଥିବ ସେହିପରି ବଡ଼ ମେଡ଼ିକାଲରେ ଏହା ହୋଇପାରିବ।

ଓଡ଼ିଆ ଡାକ୍ତରମାନଙ୍କ ଅନ୍ତର୍ଜାତୀୟ ସମ୍ମେଳନ (Odia Doctor International Association ବା ODIA). ନାମକ ଏକ ବିଶ୍ୱସ୍ତରୀୟ ଅନୁଷ୍ଠାନ ଅଛି। ତାହାର ସଭ୍ୟମାନେ ଅଧିକାଂଶ ହେଉଛନ୍ତି ଆମେରିକା ଓ ଇଂଲଣ୍ଡରେ ରହୁଥିବା ଓଡ଼ିଆ ଡାକ୍ତର। ସବ୍ୟସାଚୀ ସେମାନଙ୍କ ସମ୍ପର୍କରେ ଥାଆନ୍ତି। ସେମାନଙ୍କର ଗୋଟିଏ ଏମରଜେନ୍ସି ରେସ୍‌ପନ୍ସ ଟିମ୍ ଅଛି। କୌଣସି ଲୋକଙ୍କର ସ୍ୱାସ୍ଥ୍ୟଗତ ସମସ୍ୟା ସବ୍ୟସାଚୀଙ୍କ ଦୃଷ୍ଟିକୁ ଆସିଲେ ସେ ସେମାନଙ୍କ ସହିତ ପରାମର୍ଶ କରନ୍ତି। ଯେଉଁ ବିଭାଗରେ ଚିକିତ୍ସା ହେବ ତାହା ସେମାନେ ଠିକ୍ କରନ୍ତି। ତାପରେ ସେମାନଙ୍କର କୌଣସି ଚିହ୍ନା ଡାକ୍ତର କିମ୍ବା ସବ୍ୟସାଚୀଙ୍କର କୌଣସି ପରିଚିତ ଡାକ୍ତର କିମ୍ବା ଅନ୍ୟ କୌଣସି ଉପଯୁକ୍ତ ଡାକ୍ତରଙ୍କଦ୍ୱାରା ଚିକିତ୍ସା କରାଯରାଏ। ଏ କ୍ଷେତ୍ରରେ ମଧ୍ୟ ସେମାନଙ୍କ ସହିତ ପରାମର୍ଶ କରାଯାଇଥିଲା।

ପରିଶେଷରେ ସେହି ଶିଶୁ ରୋଗୀଟିକୁ କଟକ ଶ୍ରୀରାମଚନ୍ଦ୍ର ଭଞ୍ଜ ମେଡ଼ିକାଲ କଲେଜ ଓ ହସପିଟାଲକୁ ଚିକିତ୍ସା ପାଇଁ ଅଣାଗଲା। ସେଠାରେ କାର୍ଯ୍ୟରତ ନ୍ୟୁରୋସର୍ଜନ ଡକ୍ଟର ସଂଜୀବ ମିଶ୍ର ସେହି ବର୍ଦ୍ଧିତ ମାଂସ ପିଣ୍ଡୁଳାକୁ ଅପରେସନ

ଦ୍ୱାରା ଦୂର କରିଥିଲେ। ଏହି ଅପରେସନ ହୋଇଥିଲା ୨୦୨୧ ମସିହା ମାର୍ଚ୍ଚ ୧ ତାରିଖ ଦିନ। ସଂଯୋଗବଶତଃ ସେହି ଦିନ ସବ୍ୟସାଚୀଙ୍କର ବିବାହ କାର୍ଯ୍ୟ ସମ୍ପାଦନ କରାଯାଉଥାଏ। ସେଥିପାଇଁ ସେ ଥାଆନ୍ତି ଓଡ଼ିଶାଠାରୁ ବହୁ ଦୂରରେ ରାଜସ୍ଥାନର ନିମ୍‌ରାନା ଫୋର୍ଟ ବିବାହ ସ୍ଥଳରେ। କିନ୍ତୁ ତାଙ୍କ ମନ ଥାଏ କଟକରେ। ସେ ବେଦୀ ଉପରୁ ମୋବାଇଲ ଲଗାଇ ଚିକିତ୍ସାର ତଦାରଖ କରୁଥିଲେ। କାରଣ ଚିକିତ୍ସା କରାଇବା ପାଇଁ ଆସିଥିବା ବ୍ୟକ୍ତିମାନେ ପ୍ରଥମ ଥର ପାଇଁ କଟକ ଆସିଥିଲେ। ସେମାନଙ୍କର ଯେପରି କୌଣସି ଅସୁବିଧା ନ ହୁଏ ସେଥିପାଇଁ ସବ୍ୟସାଚୀ ସତର୍କ ଦୃଷ୍ଟି ରଖିଥିଲେ।

ଅପରେସନ ପୂର୍ବରୁ ସ୍ୱରାଜ କେବଳ କଡ଼ମାଡ଼ି ବା ମୁହଁମାଟି ଶୋଇ ପାରୁଥିଲା। ପିଠିରେ ଥିବା ମାଂସ ପିଣ୍ଡୁଳାଟି ଲାଗି ସେ କେବେ ବି ପିଠି ମାଡ଼ି ଶୋଇ ପାରୁନଥିଲା। ବର୍ତ୍ତମାନ ସେ ସେଥିରୁ ମୁକ୍ତ ହୋଇ ନିର୍ବିଘ୍ନରେ ପିଠିମାଡ଼ି ଶୋଇ ପାରୁଛି। ସେଥିପାଇଁ ସେ ଖୁସି ପ୍ରକାଶ କରୁଛି। ତା' ମୁହଁରେ ହସ ଫୁଟି ଉଠୁଛି। ସେ ଯେ ଦିନେ ଏପରି ସାଧାରଣ ଅବସ୍ଥାକୁ ଫେରି ଆସିବ ଏଥିରେ ତା' ମା'ର ବିଶ୍ୱାସ ନଥିଲା। ତା'ପାଇଁ ଉଷୁନା ଧାନ ଗଜା ହୋଇଛି। ସେଥିପାଇଁ ସେ ଯେ କିପରି ସବ୍ୟସାଚୀଙ୍କୁ କୃତଜ୍ଞତା ଜଣାଇବ ତାହା ଭାବି ପାରୁନାହିଁ।

ଏ ଖୁସି ଖବରଟି କ'ଣ ଏପର୍ଯ୍ୟନ୍ତ ସଇଁତଳା ଶାଶୁଘରେ ପହଞ୍ଚି ନାହିଁ? ତାର ସ୍ୱାମୀ ତ ତାକୁ ଘରୁ ନେଇ ନାହାଁନ୍ତି। ସେ ତ ଅଗ୍ନି ପରୀକ୍ଷାରେ ଉତ୍ତୀର୍ଣ୍ଣ ହେଲା। ଆଉ କେଉଁ ପରୀକ୍ଷା ବାକି ରହିଲା? କୌଣସି କଥାକୁ ଅପେକ୍ଷା ନ ରଖି ଦୁଇ ଭଉଣୀ କାମ କରି ନିଜ ଉପାର୍ଜନରେ ସ୍ୱାବଲମ୍ବୀ ଜୀବନ ଯାପନ କରୁଛନ୍ତି। ଚିକିତ୍ସାର ଦାୟିତ୍ୱ ଯେତେବେଳେ ସବ୍ୟସାଚୀ ହାତକୁ ନେଇଛନ୍ତି ତା'ର ଖର୍ଚ୍ଚଭାର ବହନ କରିବ ଆଉ କିଏ? ଅକୁଣ୍ଠିତ ଚିତ୍ତରେ ସେ ତାହା ତୁଲାଇ ଥିଲେ।

■

# ବିଦୁଲତା ଦେଈଙ୍କ ଦୀପ

ବିଦୁଲତା ଦେଈଙ୍କ ଘର ବାଲକାଟି । ତିନି ଜଣରେ ତାଙ୍କର ଏକ ସୁଖୀ ପରିବାର । ସେ ନିଜେ, ତାଙ୍କ ସ୍ୱାମୀ ଓ ୧୧ବର୍ଷର ଏକ ନାବଳିକା ଝିଅ । ସେମାନେ ଜାତିରେ କୁମ୍ଭାର । ମାଟିରେ ଦୀପଠାରୁ ହାଣ୍ଡି ପର୍ଯ୍ୟନ୍ତ ବିଭିନ୍ନ ପ୍ରକାର ଉପକରଣ ତିଆରି କରିବା ସେମାନଙ୍କର ବୃତ୍ତି । ସବୁ ଠିକ୍ ଚାଲିଥିଲା । ଦିନେ ହଠାତ୍ ବିଦୁଲତାଙ୍କ ସ୍ୱାମୀ ଅସୁସ୍ଥ ହେଲେ । ତାଙ୍କର ଗୋଟିଏ ଅଙ୍ଗ ଭଲ ଚଳିଲା ନାହିଁ । ଏହା ଥିଲା ପକ୍ଷାଘାତ । ବାଲକାଟି ନିକଟରେ ଏକ କେନାଲ ଯାଇଛି । ସ୍ଥାନୀୟ ଲୋକେ ସେଠାରେ ଗାଧୁଆ ପାଧୁଆ କରନ୍ତି । ଦିନେ ଉକ୍ତ କୁମ୍ଭାର ମହାଶୟ ସେହି କେନାଲରେ ଗାଧୋଇଥିଲେ । ସେଠାରେ ଅନ୍ୟ କେହି ଲୋକ ଉପସ୍ଥିତ ନଥିଲେ । ତାଙ୍କ ଗୋଡ଼ ଖସିଗଲା । ସେ ପହଁରା ଜାଣିଥିଲେ ମଧ୍ୟ ନିଜକୁ ରକ୍ଷା କରିପାରିଲେ ନାହିଁ । ପାଣିରେ ବୁଡ଼ି ତାଙ୍କର ମୃତ୍ୟୁ ହୋଇଗଲା । ବିଦୁଲତା ଅସହାୟା ହୋଇଗଲେ । ଘର ଚଳିବା ଓ ଝିଅର ଭବିଷ୍ୟତ ଚିନ୍ତାରେ ସେ ବିଷାଦଗ୍ରସ୍ତ ହୋଇଗଲେ । ତାଙ୍କୁ ଡିପ୍ରେସନ ଗ୍ରାସକଲା ।

ବିଦୁଲତାଙ୍କ ଘରଠାରୁ ଅଳ୍ପ ଦୂରରେ ଜଣଙ୍କର ଦୋକାନ ଅଛି । ସେଇ ଦୋକାନୀ ତାଙ୍କ ଦୁଃଖରେ ଦୁଃଖୀ ହୋଇ ଦିନେ ସବ୍ୟସାଚୀଙ୍କୁ ଫୋନ୍ କରି ବିଦୁଲତାଙ୍କ ଦୁଃଖ କାହାଣୀ ଜଣାଇଲେ । କହିଲେ, "ଏ ପର୍ଯ୍ୟନ୍ତ ତାଙ୍କ ପାଇଁ ବିଧବା ଭତ୍ତା ବି ହୋଇ ପାରିନି । ଆପଣ ଏତେ ଲୋକଙ୍କୁ ସାହାଯ୍ୟ କରୁଛନ୍ତି, ତାଙ୍କ ପାଇଁ କିଛି କରନ୍ତୁ । ଏହା ୨୦୨୦ ମସିହା ସେପ୍ଟେମ୍ବର ମାସର ଘଟଣା । ସବ୍ୟସାଚୀ ବିଦୁଲତା ଦେଈଙ୍କ ସହ ଯୋଗାଯୋଗ କରି ସବୁ ବୁଝିଲେ । ସେ ଭାବିଲେ ବିଦୁଲତା ଯଦି ଦମ୍ଭ ଧରି ଠିଆ ନ ହୁଅନ୍ତି ତେବେ ନାବାଳିକା ଝିଅଟି

ବଞ୍ଚିବ କିପରି ? ଆଗକୁ ଦୀପାବଳୀ ବା କାଳୀପୂଜା ଉତ୍ସବ ଥାଏ। ସେତେବେଳେ ତ ବହୁତ ଦୀପ ଦରକାର ହେବ। ତେଣୁ ସେ ବିଦ୍ୟୁଲତାଙ୍କୁ କହିଲେ, "ମାଉସୀ, ତୁମେ ଓ ଝିଅ ମିଶି ମାଟିଦୀପ ଦିନକୁ ୨୦୦ କରି ତିଆରି କର। ଦୀପାବଳୀ ପୂର୍ବରୁ ଯେତେ ଦୀପ ଗଢ଼ିଥିବ ସବୁ ମୁଁ କିଣିନେବି। ମା' ଝିଅ ମିଶି ଦୀପ ଗଢ଼ିବାରେ ଲାଗିଲେ। ଦିନକୁ ପ୍ରାୟ ୧୮୦ଟି ଲେଖାଏଁ ଦୀପ ଗଢ଼ି ପାରିଲେ। ମୋଟରେ ସେମାନେ ୬୦୦୦ ଦୀପ ତିଆରି କରିଥିଲେ। ସବ୍ୟସାଚୀ ତାଙ୍କ ଘରକୁ ଯାଇ ବଜାର ଦରର ଦୁଇଗୁଣା ଦେଇ ଦୀପଗୁଡ଼ିକ କିଣିଲେ। ଏକାଧିକ ପେଟିରେ ପୂରାଇ ସେଗୁଡ଼ିକୁ ନିଜ କାରରେ ଆଣିଲେ। ଏହାଦ୍ୱାରା ବିଦ୍ୟୁଲତା ମାଉସୀ ଏକ ମୋଟା ଅଙ୍କର ଅର୍ଥ ପାଇଲେ। ଫଳରେ ତାଙ୍କ ଆତ୍ମବିଶ୍ୱାସ ବଢ଼ିଲା ଏବଂ ସେ ଡିପ୍ରେସନରୁ ମୁକ୍ତ ହେଲେ। ସବ୍ୟସାଚୀ ତାଙ୍କୁ ପ୍ରସ୍ତାବ ଦେଲେ ଏବେ ସେ ମାଟି ଗ୍ଲାସ୍ ତିଆରି କରନ୍ତୁ। ବହୁ ଚା ଦୋକାନରେ ଏହାର ଆବଶ୍ୟକତା ଅଛି। ଏହିପରି କରୁ କରୁ କୌଳିକ ବୃତ୍ତିରେ ତାଙ୍କ ମନ ଲାଗିଯାଇପାରେ।

ଏତେ ଦୀପ ସବ୍ୟସାଚୀ କରିବେ କ'ଣ ? ଓଡ଼ିଶାର ବହୁ ଶକ୍ତିପୀଠ ବା ଦେବୀ ମନ୍ଦିରର ପୂଜକ ବା ଟ୍ରଷ୍ଟିମାନଙ୍କ ସହିତ ତାଙ୍କର ପରିଚୟ ଥିଲା। ଫୋନଯୋଗେ ସେ ସେମାନଙ୍କ ସହିତ ଯୋଗାଯୋଗ କଲେ। ସେମାନେ ଦୀପ ଗ୍ରହଣ କରିବା ପାଇଁ ଆଗ୍ରହୀ ହେଲେ। ତେଣୁ ବସ ଯୋଗେ ସେମାନଙ୍କୁ କିଛି କିଛି ଦୀପ ପଠାଗଲା। ତେଲ ଓ ବଳିତା କିଣା ପାଇଁ ଅର୍ଥ ଯୋଗାଇ ଦିଆଗଲା। ସବ୍ୟସାଚୀ ଜଣାଇଦେଲ ଯେ ଏ ଦୀପ ଗଢ଼ିଛନ୍ତି ବିଦ୍ୟୁଲତା ଦେଇ। ତାଙ୍କରି ନାମରେ ଏବଂ ତାଙ୍କର ତଥା ଓଡ଼ିଶାର ମଙ୍ଗଳ କାମନା କରି ଏ ଦୀପ ବସାଇବ। ଏ ଘଟଣା ସମ୍ବାଦପତ୍ରରେ ପ୍ରକାଶ ପାଇଲା। ବିଦ୍ୟୁଲତା ବିଖ୍ୟାତ ହୋଇଗଲେ। ଆହୁରି ଅନେକ ଦୀପ ବଳିଲା। ସେଥିରୁ କିଛି ବିଶିଷ୍ଟ ବ୍ୟକ୍ତିମାନଙ୍କ ନିକଟକୁ ଉପହାର ସ୍ୱରୂପ ପଠାଗଲା। ପ୍ରତି ଦୀପ ଥାଳିରେ ବିଦ୍ୟୁଲତା ଦେଇଙ୍କ ସମସ୍ୟା ବିଷୟରେ କିଛି ଲେଖାଯାଇ ଖଣ୍ଡିଏ ଲେଖାଏଁ କାଗଜ ରଖାଯାଇଥିଲା। ତାହା ପାଇ ଉକ୍ତ ବ୍ୟକ୍ତିମାନେ ଖୁସି ପ୍ରକାଶ କରିଥିଲେ। ସବ୍ୟସାଚୀଙ୍କୁ ମଧ୍ୟ ସାବାସି ଦେଇଥିଲେ। ଦୀପଗୁଡ଼ିକ 'ବିଦ୍ୟୁଲତା ଦୀପ' ନାମରେ ଖ୍ୟାତ ହୋଇଗଲା। ବିଦ୍ୟୁଲତା ସାଧାରଣରୁ ଅସାଧାରଣ ପାଲଟିଗଲେ। ଏବେ ସ୍ଥାନୀୟ ବି.ଡ଼ି.ଓ ନିଜଆଡ଼ୁ ବିଦ୍ୟୁଲତାଙ୍କୁ ଡାକି ତାଙ୍କ ବିଧବା ଭତ୍ତା ମଞ୍ଜୁର କରିଦେଲେ। ପୂର୍ବରୁ ଏଥିପ୍ରତି କେହି କର୍ଣ୍ଣପାତ କରୁନଥିଲେ।

ଶକ୍ତିପୀଠମାନଙ୍କରେ ବିଦ୍ୟୁଲତା ଦେଇଙ୍କ ଦୀପ ଜଳିବାରୁ ସେ ଖୁସି ପ୍ରକାଶ କରି କହିଲେ ଯେଉଁ ମନ୍ଦରିମାନଙ୍କୁ ମୁଁ କେବେ ଯାଇନି କି ଯାଇପାରିବି ନାହିଁ ସେଠାରେ ମୋ ହାତ ତିଆରି ଦୀପ ଜଳିଲା କେବଳ ମୋ ପୁଅ ଲାଗି ଅର୍ଥାତ୍ ସବ୍ୟସାଚୀ ଲାଗି। ଏ କ୍ଷେତ୍ରରେ ସବ୍ୟସାଚୀଙ୍କ ସାହାଯ୍ୟ ବିଦ୍ୟୁଲତାଙ୍କୁ କରିଥିଲା ସ୍ୱାବଲମ୍ବୀ, କର୍ତ୍ତବ୍ୟ ସଚେତନ ଓ କର୍ମଠ। ଏହା ୨୦୨୦ ମସିହା ଅକ୍ଟୋବର ମାସ ଘଟଣା।

■

# ନାକ ଉପରେ ଆବୁ

ଭୁବନେଶ୍ୱର ନଗର ଉପକଣ୍ଠରେ ଥିବା ପଟିଆ ଅଞ୍ଚଳର ଏକ ବସ୍ତି। ସେଠାରେ ବାସ କରୁଥିବା ଏକ ଦମ୍ପତିଙ୍କର ଗୋଟିଏ ୧୧ ମାସର ଶିଶୁ। ତା ନାକ ଉପରକୁ କପାଳରେ ଏକ ଆବୁ ବାହାରିଲା। କ୍ରମେ ତାହା ବୃଦ୍ଧି ପାଇ ଆଖି ଦୁଇଟିକୁ ଘୋଡ଼ାଇ ଦେବାକୁ ବସିଲା। ମୁହଁଟି ବିକୃତ ଦେଖାଗଲା। ଦୃଷ୍ଟି ଶକ୍ତି ମଧ୍ୟ ବାଧାପ୍ରାପ୍ତ ହେଲା। ଡାକ୍ତରୀ ଚିକିତ୍ସା ପାଇଁ ପିତାଙ୍କର ସମ୍ବଳ ଅଭାବ। ଏଡ଼େ କଅଁଳିଆ ପିଲାର ଏ ଅବସ୍ଥା। ଯିଏ ଦେଖିଲା ସିଏ ଦୟାର୍ଦ୍ର ହୋଇଗଲା, ଆହା ବୋଲି କହିଲା। ବାପା ମା'ଙ୍କର ଚିନ୍ତା ଓ ମନଦୁଃଖର ସୀମା ନଥାଏ।

ସେତେବେଳେ ଥାଏ କୋଭିଡ଼୍ ସମୟ। ଚଳଚ୍ଚିତ୍ର ନାୟକ ସବ୍ୟସାଚୀ ମିଶ୍ର ଲୋକଙ୍କୁ ସାହାଯ୍ୟ କରୁଥିବାର ଖବର ପ୍ରଚାର ହୋଇଯାଇ ଥାଏ। ଉକ୍ତ ଶିଶୁର ଜଣେ ଶୁଭେଚ୍ଛୁ ତା'ର ଦୂରବସ୍ଥା ସବ୍ୟସାଚୀଙ୍କ ଦୃଷ୍ଟିକୁ ଆଣିଲେ। ତାହା ଥିଲା ୨୦୨୦ ମସିହା ଡିସେମ୍ବର ମାସ ୨୦ ତାରିଖର ଘଟଣା। ସବ୍ୟସାଚୀ ସାହାଯ୍ୟ କରିବା ପାଇଁ ଅଣ୍ଟାଭିଡ଼ି ବାହାରିଲେ। ତାଙ୍କ ଚେଷ୍ଟାରେ ଭୁବନେଶ୍ୱର-ଏ.ଆଇ.ଆଇ.ଏମ୍.ଏସ୍. ଚିକିତ୍ସାଳୟରେ ସେହି ଶିଶୁର ଚିକିତ୍ସା ଆରମ୍ଭ ହେଲା। ସେଠାରେ ଡାକ୍ତରମାନେ ଜାଣିପାରିଲେ ନାହିଁ, କ'ଣ କରିବାକୁ ହେବ। ଶେଷକୁ ସେମାନେ ମତ ଦେଲେ ଯେ ତାଙ୍କ ଅନୁଷ୍ଠାନର ପୂର୍ବତନ ନିର୍ଦ୍ଦେଶକ ଡାକ୍ତର ଅଶୋକ ମହାପାତ୍ର ହିଁ ଏହି ରୋଗୀର ଉପଯୁକ୍ତ ଚିକିତ୍ସା କରିପାରିବେ। କାରଣ ସେ ଦିଲ୍ଲୀ ଏ.ଆଇ.ଆଇ.ଏମ୍.ଏସ୍. ରେ ଥିଲାବେଳେ ଫୁଲବାଣୀର ଜଗା ବଳିଆ ଜାଆଁଳା ଶିଶୁଙ୍କର ଯୁଗ୍ମ ମସ୍ତକକୁ ଅଲଗା କରି ପାରିବାର ଗୌରବ ଅର୍ଜନ କରିଥିଲେ।

ସେତେବେଳକୁ ଡାକ୍ତର ମହାପାତ୍ର ଚାକିରିରୁ ଅବସର ନେଇସାରି ଥାଆନ୍ତି ଭୁବନେଶ୍ୱର ସୋଆ ବିଶ୍ୱବିଦ୍ୟାଳୟର କୁଳପତି।

ସବ୍ୟସାଚୀ ତାଙ୍କ ନିକଟକୁ ମଧ୍ୟ ଶିଶୁଟିକୁ ନେଲେ। ସୋଆ ବିଶ୍ୱବିଦ୍ୟାଳୟ ଅଧୀନରେ ରହିଛି ସମ୍ ଚିକିତ୍ସାଳୟ। ସେଠାରେ ଡାକ୍ତର ମହାପାତ୍ର ଶିଶୁଟିର ଚିକିତ୍ସା ଆରମ୍ଭ କଲେ। ପରୀକ୍ଷା ନିରୀକ୍ଷାରୁ ଜଣାଗଲା ଯେ ଶିଶୁର ନାକ ଉପର କପାଳର କିଛି ଅଂଶରେ ଖପୁରି ହାଡ଼ ନାହିଁ। ସେହି ବାଟ ଦେଇ ମସ୍ତିଷ୍କରୁ କିଛି ଅଂଶ ବାହାରକୁ ବାହାରି ଆସି ଆବୁ ପରି ବଢୁଛି। ଏହା ଥିଲା ଏକ ବିରଳ ଘଟଣା। ଡାକ୍ତର ମହାପାତ୍ର ଆବୁକୁ ଅପରେସନ କରି କପାଳର ଫାଙ୍କ ସ୍ଥାନରେ ଗୋଟିଏ ପ୍ଲେଟ ଲଗାଇ ତାକୁ ବନ୍ଦ କଲେ। ପରମେଶ୍ୱରଙ୍କ ଅପାର କରୁଣାରୁ ଏହି ବିରଳ ଶଲ୍ୟ ଚିକିତ୍ସାଟି ସଫଳ ହୋଇଥିଲା। ଏହା ଫଳରେ ଡାକ୍ତର ମହାପାତ୍ରଙ୍କ ଗୌରବ ମୁକୁଟରେ ଆଉ ଗୋଟିଏ ମାଣିକ୍ୟ ଶୋଭା ପାଇଲା। ରୁଗ୍ଣ ପିଲାଟି ମଧ୍ୟ ନୂଆ ଜୀବନ ଲାଭକଲା।

ସେ ସୁସ୍ଥ ହୋଇ ଘରକୁ ଫେରିଲା। ଏବେ ତା'ର ମୁହଁ ସାଧାରଣ ରୂପ ଧାରଣ କରିଛି। ତା' ବାପାମା'ଙ୍କ ମନରେ ଅପାର ଆନନ୍ଦ ଓ ସନ୍ତୋଷ ଭରିଯାଇଛି। ଏପରି ହୋଇପାରିବ ବୋଲି ସେମାନେ ଭାବିପାରୁନଥିଲେ। ସେ ପିଲାଟିକୁ ବର୍ତ୍ତମାନ ଚାରିବର୍ଷ। ଦେଖାଯାଉଛି ତା'ର ସ୍ମୃତିଶକ୍ତି ଓ ବୁଦ୍ଧି ପ୍ରଖର। ତା' ଚିକିତ୍ସାର ସମସ୍ତ ବ୍ୟୟଭାର ବହନ କରିଥିଲେ ସବ୍ୟସାଚୀ। ତାଙ୍କ ଅର୍ଥବ୍ୟୟ ସାର୍ଥକ ହୋଇଛି। ଆରୋଗ୍ୟ ଲାଭ କରିଥିବା ପିଲାର ପିତା ମାତା ସବ୍ୟସାଚୀଙ୍କ ପ୍ରତି କେବଳ ଗଭୀର ଭାବରେ କୃତଜ୍ଞ ନୁହଁନ୍ତି, ସେମାନଙ୍କ ଆଖିରେ ସେ ହେଉଛନ୍ତି ଦେବଦୂତ, ଦାନୀ କର୍ଣ୍ଣ।

■

# ସବ୍ୟସାଚୀ କ୍ୟାଣ୍ଟିନ୍

ଜ୍ୟୋତ୍ସ୍ନା ମହାନ୍ତି ନାମକ ଜଣେ ମହିଳା ଭୁବନେଶ୍ୱର ଅନ୍ତର୍ଗତ ରସୁଲଗଡ଼ରେ ଜି.ଜି. କଲୋନିରେ ଏକ ଭଡ଼ାଘରେ ରହୁଥିଲେ। ତାଙ୍କର ଗୋଟିଏ ପୁଅ ଓ ଗୋଟିଏ ଝିଅ। ସେମାନେ ସ୍କୁଲ ଛାତ୍ର, ଛାତ୍ରୀ। ତାଙ୍କର ସ୍ୱାମୀ ନାହାଁନ୍ତି। ସେ କଷ୍ଟେ ମଷ୍ଟେ ଗୁଜୁରାଣ ମେଣ୍ଟାନ୍ତି। ଘର ଭଡ଼ା ଦେଇ ନ ପାରିବାରୁ ଘର ମାଲିକ ତାଙ୍କୁ ସେଠାରୁ ବିଦାୟ କରିଦେଲେ। ଜି.ଜି. କଲୋନୀର ବହୁଦିନର ବାସିନ୍ଦା ଭାବରେ ସ୍ଥାନୀୟ ଲୋକଙ୍କର ତାଙ୍କ ପ୍ରତି ସହାନୁଭୂତି ଥିଲା। ସେମାନେ କଲୋନି ବିଦ୍ୟାଳୟର ଏକ ପରିତ୍ୟକ୍ତ କୋଠରୀରେ ତାଙ୍କୁ ଥଇଥାନ କରାଇଦେଲେ। ଏକଦା ତାଙ୍କର ଅଭାବ ବଳିପଡ଼ିବାରୁ ସେ ସବ୍ୟସାଚୀଙ୍କୁ ଫୋନ୍ କରି ଅନୁରୋଧ କଲେ ତାଙ୍କୁ ବିନା ମୂଲ୍ୟରେ କିଛି ରାସନ ଦେବାକୁ। ସବ୍ୟସାଚୀ ଭାବିଲେ ସେ ରାସନ ନେଇ କେତେ ଦିନ ଚଳିବେ। ତାଙ୍କ ସହିତ ସେ ଆଲୋଚନା କରି ଜାଣିପାରିଲେ ଯେ ଜ୍ୟୋତ୍ସ୍ନାଙ୍କର ରୋଷେଇରେ ପାରଦର୍ଶିତା ଅଛି। ତେଣୁ ସେ ତାଙ୍କୁ ପ୍ରସ୍ତାବ ଦେଲେ ରନ୍ଧାଖାଦ୍ୟ ପ୍ରସ୍ତୁତ କରି ବିକ୍ରୟ କରିବାକୁ। ସେ ଉତ୍ତର ଦେଲେ, "ସେପରି କରିବାକୁ ମୋର ମୂଳଧନ କାହିଁ ? ସବ୍ୟସାଚୀ ନିଜ ଖର୍ଚ୍ଚରେ ରୋଷେଇର ଆବଶ୍ୟକୀୟ ଆସବାବପତ୍ର କ୍ରୟ କରି ତାଙ୍କୁ ଯୋଗାଇ ଦେଲେ। ବ୍ୟବସାୟ ଆରମ୍ଭ କରିବା ପାଇଁ ତାଙ୍କୁ କିଛି ଅର୍ଥ ମଧ୍ୟ ଦେଲେ। କାମ ଆରମ୍ଭ ହେଲା।

ସବ୍ୟସାଚୀ ସୋସିଆଲ ମିଡ଼ିଆରେ ତାଙ୍କ ଖାଦ୍ୟ ପ୍ରସ୍ତୁତିର ବିଜ୍ଞାପନ ଦେଇଦେଲେ। ଫଳରେ ରନ୍ଧାଖାଦ୍ୟ ପାଇଁ ବହୁ ବରାଦ ଆସିଲା। ବ୍ୟବସାୟ ବଢ଼ିଲା। ଜିନିଷ ସାଇତି ରଖିବା ଆବଶ୍ୟକ ହେଲା। ତେଣୁ ସବ୍ୟସାଚୀ ତାଙ୍କ ପାଇଁ

ଏକ ଫ୍ରିଜ୍ କିଣିଦେଲେ। ବ୍ୟବସାୟ ଭଲ ଚାଲିବାରୁ ଜ୍ୟୋତ୍ସ୍ନାଙ୍କର ଉତ୍ସାହ ଓ ଆତ୍ମବିଶ୍ୱାସ ବୃଦ୍ଧିପାଇଲା। ଯାହାଙ୍କ ଲାଗି ଏ ସବୁ ସମ୍ଭବ ହେଲା ତାଙ୍କୁ ସେ ଭୁଲିବେ କିପରି ? ତେଣୁ ସେ ତାଙ୍କ ଖାଦ୍ୟକେନ୍ଦ୍ରର ନାମ ରଖିଲେ 'ସବ୍ୟସାଚୀ କ୍ୟାଣ୍ଟିନ୍'। ଜ୍ୟୋତ୍ସ୍ନାଙ୍କ ମନରେ ଏକ ମହତ୍ ଭାବ ଜାତ ହେଲା। ବଦାନ୍ୟତାରେ ଏ ଅନୁଷ୍ଠାନର ଜନ୍ମ। ତେଣୁ ବଦାନ୍ୟ କାର୍ଯ୍ୟ କରିବା ମଧ୍ୟ ଏହାର ଧର୍ମ। ତେଣୁ ପ୍ରତିଦିନ ସେ ପ୍ରାୟ ୧୦ଜଣ ଯୋଗ୍ୟ ପ୍ରାର୍ଥୀଙ୍କୁ ବିନା ମୂଲ୍ୟରେ ଖାଇବା ଯୋଗାଇ ଦିଅନ୍ତି। ତାଙ୍କର ଆତ୍ମନିର୍ଭରଶୀଳ ହେବା ସହିତ ବଦାନ୍ୟତାର ପ୍ରକାଶ କରିବା ସବ୍ୟସାଚୀଙ୍କ ପାଇଁ ଥିଲା ବେଶ୍ ଆନନ୍ଦଦାୟକ।

# ଦୁବାଇରେ ଦ୍ୱିତୀୟ ପ୍ରବାସୀ ଓଡ଼ିଆ ଦଳ

କୋଭିଡ଼ ସଂକ୍ରମଣର ଦ୍ୱିତୀୟ ପର୍ଯ୍ୟାୟ ସମୟରେ ଦୁବାଇରେ ଅଟକିଥିବା ଅନ୍ୟ ଏକ ପ୍ରବାସୀ ଓଡ଼ିଆ ଦଳ ଭାରତ ଫେରିବାର ସୁଯୋଗ ପାଇଲେ। ସେ ଦଳରେ ଥିଲେ ୧୬ଜଣ ସଦସ୍ୟ। ଦୁବାଇ ସରକାରଙ୍କ ତରଫରୁ ଏକ ବିମାନ ଭାରତୀୟମାନଙ୍କୁ ନେଇ ହାଇଦ୍ରାବାଦକୁ ଯାଉଥିଲା। ସେହି ବିମାନରେ ଉକ୍ତ ୧୬ଜଣ ଆସି ହାଇଦ୍ରାବାଦରେ ଅବତରଣ କଲେ। ଭାରତ ଭୂମିରେ ପାଦଦେଇ ସେମାନେ ଖୁସୀ ହେଲେ। ମାତ୍ର ସେହି ଖୁସି ଥିଲା କ୍ଷଣସ୍ଥାୟୀ। ତେଲେଙ୍ଗାନା ସରକାରଙ୍କ କୋଭିଡ଼ ଗାଇଡ଼ଲାଇନ୍ ଅନୁସାରେ ସେମାନଙ୍କୁ ନିଃସଙ୍ଗ ବାସ ବା କ୍ୱାରାଣ୍ଟାଇନ୍‌ରେ ୧୪ ଦିନ ରହିବା ଦରକାର। ସେଥିପାଇଁ ସେମାନଙ୍କୁ ନେଇ ଏକ ହୋଟେଲରେ ରଖାଗଲା। ନିଜ ଦେଶରେ ପହଞ୍ଚି ପହଞ୍ଚି ଯେପରି ସେମାନେ ଗୃହବନ୍ଦୀ ହୋଇ ରହିଲେ। ନିଃସଙ୍ଗ ଅବଧି ପୂରିବା ପରେ ସେମାନଙ୍କୁ ହୋଟେଲ ଖର୍ଚ୍ଚ ବାବଦକୁ ୧,୨୮,୦୦୦/ - ଦାବି କରାଗଲା। ଏହା ଦାଖଲ ନ କରି ସେମାନେ ଯାଇପାରିବେ ନାହିଁ ବୋଲି କୁହାଗଲା। ସେମାନେ ତ ନିଃସ୍ୱ ଅବସ୍ଥାରେ ଦେଶକୁ ଫେରିଛନ୍ତି ଏ ଟଙ୍କା ଦେବେ କେଉଁଠୁ? ଦୁବାଇ ଦୁଃଖ ଠାରୁ ତ ନିଜ ଦେଶ ଦୁଃଖ ବଳିପଡ଼ିଲା। ସେମାନଙ୍କର ଏହି କରୁଣ କାହାଣୀ କିଛି ସ୍ଥାନୀୟ ଓଡ଼ିଆ ଲୋକଙ୍କ ଦୃଷ୍ଟିକୁ ଆସିଲା। ସେମାନେ ସବ୍ୟସାଚୀଙ୍କୁ ଏହା ଜଣାଇ ଏହାର ସମାଧାନ ଲୋଡ଼ିଲେ। ସବ୍ୟସାଚୀ ହଇରାଣରେ ଥିବା ପ୍ରବାସୀ ଓଡ଼ିଆଙ୍କ ସଙ୍ଗେ ଯୋଗାଯୋଗ ସ୍ଥାପନ କଲେ। ସେତେବେଳକୁ ସେମାନଙ୍କୁ ହୋଟେଲରେ ଠିକ୍ ଭାବରେ ଖାଇବା ପିଇବାକୁ ଦିଆଯାଉନଥିଲା। ସବ୍ୟସାଚୀଙ୍କର ଅଶ୍ୱିନୀ ନାମକ ଜଣେ ବନ୍ଧୁ ସେଠାରେ ରହୁଥିଲେ। କେତେଜଣ ସ୍ମାଇଲ ଫୋର୍ସର ସ୍ୱେଚ୍ଛାସେବୀ

ମଧ୍ୟ ଥିଲେ। ସବ୍ୟସାଚୀ ସେମାନଙ୍କୁ ସାହାଯ୍ୟ କରିବାକୁ ଅନୁରୋଧ କଲେ। ସୁଖର କଥା ତେଲେଙ୍ଗାନା କ୍ୟାଡ଼ରର ଜଣେ ଓଡ଼ିଆ ମହିଳା ଆଇ.ଏ.ଏସ. ଅଧିକାରୀ ମଧ୍ୟ ସାହାଯ୍ୟ କରିବାକୁ ଆଗେଇ ଆସିଲେ। ସେମାନେ ରାଜନୀତିକ ପ୍ରଭାବ ପକାଇବାକୁ ଚେଷ୍ଟା କଲେ। ସବ୍ୟସାଚୀ ଏହାକୁ ଏକ ଗୁରୁତ୍ୱପୂର୍ଣ୍ଣ ଖବର ରୂପେ ଗଣମାଧ୍ୟମକୁ ଦେଇଦେଲେ। ବିଭିନ୍ନ ପ୍ରକାର ଚେଷ୍ଟା ଫଳରେ ତେଲେଙ୍ଗାନା ସରକାର ସେହି ଷୋହଳଜଣ ଓଡ଼ିଆଙ୍କୁ ହୋଟେଲରୁ ଉଦ୍ଧାର କରି ଏକ ସ୍ୱତନ୍ତ୍ର ବସ୍‌ରେ ଭୁବନେଶ୍ୱରକୁ ପଠାଇଦେଲେ। ଭୁବନେଶ୍ୱରରୁ ସେମାନେ ନିଜ ନିଜ ଘରକୁ ଗଲେ। ସେମାନଙ୍କୁ ଅନିଶ୍ଚିତତା ଦୁଃଖ ଓ ମାନସିକ ନିର୍ଯ୍ୟାତନାରୁ ମୁକ୍ତି ମିଳିଲା। ସବ୍ୟସାଚୀ ଓ ତାଙ୍କ ସହଯୋଗୀମାନଙ୍କ ନିମନ୍ତେ ଏହା ସମ୍ଭବ ହୋଇ ପାରିଲା। ସେଥିପାଇଁ ଉଦ୍ଧାର ପାଇଥିବା ପ୍ରବାସୀମାନେ ପ୍ରକାଶ କଲେ ଯେ ସେମାନେ ଉଦ୍ଧାରକାରୀଙ୍କ ନିକଟରେ ଚିର ଋଣୀ ହୋଇ ରହିବେ।

■

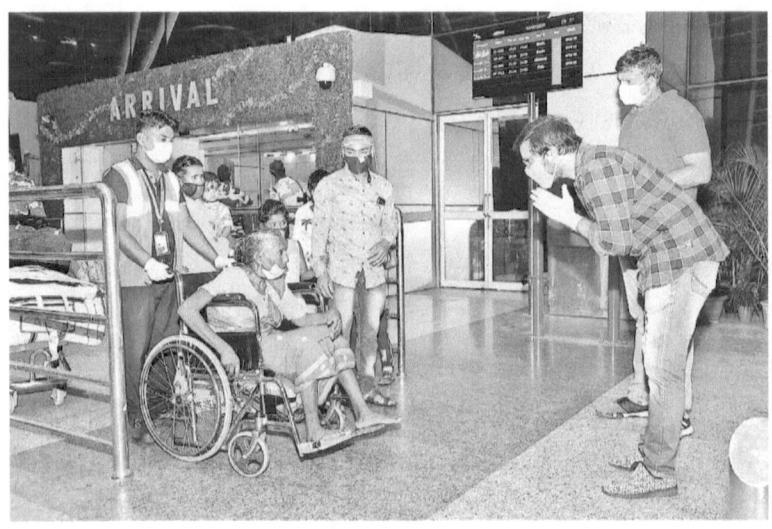

# ଭିନ୍ନକ୍ଷମଙ୍କ ଚମତ୍କାରିତା

୨୦୧୯ ମସିହା ଜୁଲାଇ ମାସ। 'ମାଲ ମହୁ ଜୀବନ ମାଟି' ଚଳଚ୍ଚିତ୍ରର ସୁଟିଙ୍ଗ୍ ଚାଲିଥାଏ। ସବ୍ୟସାଚୀ ଥାଆନ୍ତି ନାୟକ ଭୂମିକାରେ। ଚଳଚ୍ଚିତ୍ର କାହାଣୀରେ ଥାଏ ନାୟିକାର ୧୨/୧୩ ବର୍ଷର ଏକ ସାନଭାଇ ଯିଏ ଭିନ୍ନକ୍ଷମ ଏବଂ ହ୍ବିଲ୍ ଚେୟାରରେ ଆସୀନ। ଏପରି କ୍ଷେତ୍ରରେ ସାଧାରଣତଃ ଜଣେ ପୂର୍ଣ୍ଣ ସକ୍ଷମ ବାଳକ ହ୍ବିଲ୍ ଚେୟାରରେ ବସି ଭିନ୍ନକ୍ଷମର ଅଭିନୟ କରେ। ସବ୍ୟସାଚୀ ଚଳଚ୍ଚିତ୍ର ନିର୍ଦ୍ଦେଶକଙ୍କୁ କହିଲେ ଜଣେ ସତ ଭିନ୍ନକ୍ଷମ ବାଳକ ଯାହାର ଅଭିନୟ ପ୍ରତିଭା ଥିବ ତାକୁ ଉପସ୍ଥାପିତ କଲେ କିପରି ହୁଅନ୍ତା ? ସେ ଏହି ପ୍ରସ୍ତାବରେ ଆଗ୍ରହର ସହିତ ଏକମତ ହେଲେ। ଏପରି ଚିନ୍ତାଧାରା ତାଙ୍କ ମୁଣ୍ଡରେ ପୂରାଇଥିଲେ ସ୍ୱାଭିମାନ ଅନୁଷ୍ଠାନର ଅଧ୍ୟକ୍ଷା ସୁଶ୍ରୀ ଶ୍ରୁତି ମହାପାତ୍ର। ତାଙ୍କ ଅନୁଷ୍ଠାନର ବିଭିନ୍ନ କାର୍ଯ୍ୟକ୍ରମରେ ସବ୍ୟସାଚୀ ପୂର୍ବରୁ ଯୋଗ ଦେଇଥିଲେ। ସେଠାରେ ଭିନ୍ନକ୍ଷମ ବ୍ୟକ୍ତିମାନେ ନିଜର କଳା ନୈପୁଣ୍ୟ ପ୍ରଦର୍ଶନ କରି ଦର୍ଶକମାନଙ୍କୁ ମୁଗ୍ଧ କରନ୍ତି। ସେତେବେଳେ ଶ୍ରୁତି ମହାପାତ୍ର ସବ୍ୟସାଚୀଙ୍କୁ କହନ୍ତି- ଏପରି କଳାକାରମାନଙ୍କୁ ଚଳଚ୍ଚିତ୍ରରେ ସ୍ଥାନ ଦିଆଯାଇ ପାରନ୍ତା ନାହିଁ ?

ପୂର୍ବୋକ୍ତ ଚଳଚ୍ଚିତ୍ରରେ ଭିନ୍ନକ୍ଷମ ବାଳକ କଳାକାରଟିଏ ବାଛିବା ପାଇଁ ଭୁବନେଶ୍ୱରରେ ଏକ ଅଡ଼ିସନ୍ କରିବାର ବ୍ୟବସ୍ଥା କରାଗଲା। ଯେଉଁ ସ୍ୱେଚ୍ଛାସେବୀ ଅନୁଷ୍ଠାନ ଦ୍ୱାରା ଏହା ପ୍ରଚାରିତ ହେଲା ସେମାନେ ଆବଶ୍ୟକୀୟ କଳାକାରର ବୟସ ସମ୍ବନ୍ଧରେ ସୂଚନା ଦେବା ଭୁଲିଯାଇଥିଲେ। ଫଳରେ ଦେଖାଗଲା ବିଭିନ୍ନ ବୟସର ଭିନ୍ନକ୍ଷମ ବ୍ୟକ୍ତିମାନେ ଅଡ଼ିସନ୍‌ରେ ଯୋଗଦେବା ପାଇଁ ଆସିଛନ୍ତି। କିଏ ସୁଦୂର କଳାହାଣ୍ଡିରୁ ତ କିଏ କୋରାପୁଟରୁ। ଏହିପରି ଓଡ଼ିଶାର ବିଭିନ୍ନ ସ୍ଥାନରୁ

ବିପୁଳ ସଂଖ୍ୟକ ପ୍ରାର୍ଥୀ ଅଡ଼ିସନ୍ ସ୍ଥାନରେ ଜମା ହେଲେ। ଚାରିଜଣ ବିଚାରକ ଥାଇ କାର୍ଯ୍ୟ ଆରମ୍ଭ ହେଲା। ଶେଷରେ ଦେଖାଗଲା ଆବଶ୍ୟକୀୟ ବାଳକ କଳାକାରଟି ମିଳିଲା ନାହିଁ। କିନ୍ତୁ ବହୁ ପ୍ରତିଭାବାନ କଳାକାର ମିଳିଲେ ଯାହାଙ୍କୁ ଅଡ଼ିସନରେ ବିଫଳ ହୋଇଛ ବୋଲି କୁହାଯାଇ ପାରିଲା ନାହିଁ। ସେମାନଙ୍କ ମଧ୍ୟରୁ ୨୨ଜଣ ବଛାହେଲେ। ସବ୍ୟସାଚୀ ସେମାନଙ୍କର ନାମ ଦେଲେ 'ସୁପର୍ ଟ୍ୱେଣ୍ଟିଟୁ'।

ଏହା ପରେ ସବ୍ୟସାଚୀ ଗୋଟିଏ ଫଟୋଗ୍ରାଫି ଟିମ୍‌କୁ 'ସୁପର ଟ୍ୱେଣ୍ଟିଟୁ'ର ପ୍ରତ୍ୟେକ କଳାକାରଙ୍କ ଘରକୁ ପଠାଇଲେ। ସେମାନେ ତାଙ୍କର ଘର, ପରିବେଶ ଓ କାର୍ଯ୍ୟକଳାପର ଫଟୋ ଉଠାଇଲେ। ଯେଉଁ ଫଟୋଗୁଡ଼ିକ ଉଠିଲା ସେଗୁଡ଼ିକୁ ଏକତ୍ର କରି ଏକ ଡକୁମେଣ୍ଟାରି ଚଳଚ୍ଚିତ୍ର ପ୍ରସ୍ତୁତ କରାଗଲା। ଏତିକିରେ ସବ୍ୟସାଚୀଙ୍କ କାର୍ଯ୍ୟ ସୀମିତ ନ ଥିଲା। ସେ ସେମାନଙ୍କୁ ନେଇ ଏକ ମନୋରଞ୍ଜନ କାର୍ଯ୍ୟକ୍ରମ କରିବା ସ୍ଥିର କଲେ। ଗୋଟିଏ ସଭାର ଆୟୋଜନ ହେଲା ତା ୪/ ୧୧/୨୦୧୯ ତାରିଖ ଦିନ। ବିଶିଷ୍ଟ ବ୍ୟକ୍ତିମାନଙ୍କୁ ନିମନ୍ତ୍ରିତ କରାଗଲା। ଯେପରି ତଥାଗତ ଶତପଥୀ, ସୌମ୍ୟରଞ୍ଜନ ପଟ୍ଟନାୟକ, ଜାଗିମଙ୍ଗତ ପଣ୍ଡା ଓ ସାଂସଦ ପଦ୍ମବିଭୂଷଣ ରଘୁନାଥ ମହାପାତ୍ର ଇତ୍ୟାଦି। 'ସୁପର୍ ଟ୍ୱେଣ୍ଟିଟୁ' କଳାକାରମାନେ ପୂର୍ବରୁ ଆସି ସେମାନଙ୍କର ପ୍ରତିଭା ପ୍ରଦର୍ଶନ ପାଇଁ ପ୍ରସ୍ତୁତ ହୋଇଥିଲେ। ପ୍ରେକ୍ଷାଳୟ ଦର୍ଶକରେ ଭରପୂର ହୋଇଥିଲା। ପ୍ରଥମେ ଡକୁମେଣ୍ଟାରି ଚଳଚ୍ଚିତ୍ର ପ୍ରଦର୍ଶିତ ହେଲା। ତା'ପରେ ଭିନ୍ନକ୍ଷମ କଳାକାରମାନେ ମଞ୍ଚ ଉପରେ ସେମାନଙ୍କ ପ୍ରତିଭାର ପ୍ରଦର୍ଶନ କରିଥିଲେ ଜଣକ ପରେ ଜଣେ। କିଏ ନାଚିଲା, କିଏ ଗୀତ ଗାଇଲା ଏବଂ କିଏ ଜୋକ୍ କହିଲା ଇତ୍ୟାଦି। ଉକ୍ତ ଚଳଚ୍ଚିତ୍ର ଓ ମଞ୍ଚ ଅଭିନୟ ଦର୍ଶକମାନଙ୍କୁ ବିମୁଗ୍ଧ କରିଥିଲା। କେବଳ ବିମୁଗ୍ଧ ନୁହେଁ, ଚକିତ ମଧ୍ୟ। ମଞ୍ଚାସୀନ ଅତିଥିମାନେ ସବ୍ୟସାଚୀଙ୍କର ଏହି ଅଭିନବ ଉଦ୍ୟମକୁ ଭୂରି ଭୂରି ପ୍ରଶଂସା କରିଥିଲେ। ଏହି କାର୍ଯ୍ୟକ୍ରମ ସମ୍ପାଦନ କରାଯରାଇଥିଲା 'ସ୍ମାଇଲ୍ ପ୍ଲିଜ୍' ଅନୁଷ୍ଠାନ ନାମରେ। ଏହା ଗୋଟିଏ ସ୍ୱେଚ୍ଛାସେବୀ ଅନୁଷ୍ଠାନ। ଏହାର ପ୍ରତିଷ୍ଠାତା ସବ୍ୟସାଚୀ। କାର୍ଯ୍ୟକ୍ରମ ଶେଷରେ ସମସ୍ତଙ୍କୁ ନୈଶ୍ୟ ଭୋଜିରେ ଆପ୍ୟାୟିତ କରାଯାଇଥିଲା। ବ୍ୟୟଭାର ବହନ କରିଥିଲେ ସବ୍ୟସାଚୀ। ଏହି କାର୍ଯ୍ୟକ୍ରମରେ ଦର୍ଶକମାନେ ଯେପରି ଆନନ୍ଦିତ ହୋଇଥିଲେ ଭିନ୍ନକ୍ଷମ କଳାକାରମାନେ ମଧ୍ୟ ସେହିପରି ଉତ୍ସାହିତ ତଥା ଆହ୍ଲାଦିତ ହୋଇଥିଲେ।

ଏହି ସୁପର ବ୍ରେଷ୍ଟିଟୁ କଳାକାରମାନଙ୍କୁ ଚଳଚ୍ଚିତ୍ରରେ ଅଭିନୟ କରିବାର ସୁଯୋଗ ଦେବାପାଇଁ ସବ୍ୟସାଚୀ ନିର୍ଦ୍ଦେଶକଙ୍କୁ ଅନୁରୋଧ କଲେ। ସିନେମା କାହାଣୀରେ ଏପରି ପରିସ୍ଥିତିମାନ ସୃଷ୍ଟି କରାଯାଉ ଯେଉଁଠାରେ ଉକ୍ତ କଳାକାରମାନଙ୍କୁ ଉପସ୍ଥାପିତ କରାଯାଇ ପାରିବ। ସେ କହିଲେ ମନେ କରାଯାଉ ଜଣେ ସୁନ୍ଦର ଝିଅ ଅଛି, ଅଥଚ ଅଣ୍ଟା ତଳକୁ ତା'ର ଗୋଡ଼ ନାହିଁ। ସେ ରିସେପସନିଷ୍ଟ ଭାବେ ଅଭିନୟ କରିପାରିବ। ଧରାଯାଉ କେତେକ ବନ୍ଧୁ ଖଟି କରୁଛନ୍ତି। ସେମାନଙ୍କ ମଧ୍ୟରେ ହୁଇଲ ଚେୟାରରେ ବସିଥିବା ଜଣେ ଭିନ୍ନକ୍ଷମ ବ୍ୟକ୍ତି ଉପସ୍ଥିତ ରହିପାରିବେ। ସେହିପରି ଭାବରେ ନିର୍ଦ୍ଦେଶକ ସେହି କଳାକାରମାନଙ୍କୁ ସିନେମାରେ ଭାଗ ନେବାକୁ ସୁଯୋଗ ଦେଲେ। ସେମାନେ ପ୍ରଥମ କରି କ୍ୟାମେରା ଆଗକୁ ଗଲେ। ନିର୍ଦ୍ଦେଶକଙ୍କଠାରୁ ଅଭିନୟ ଶିଖିଲେ। କୋରିଓଗ୍ରାଫର୍‌ଙ୍କଠାରୁ ନାଚ କରିବା ଶିକ୍ଷା କଲେ। ଏହା ଥିଲା ସେମାନଙ୍କ ପାଇଁ ଏକ ନୂଆ ଅଭିଜ୍ଞତା ଯାହା ସେମାନଙ୍କ ଜୀବନରେ ଅବିସ୍ମରଣୀୟ ହୋଇ ରହିବ। ସେମାନଙ୍କର ଆତ୍ମବିଶ୍ୱାସ ଓ ସମ୍ମାନବୋଧ ବୃଦ୍ଧି ପାଇଲା। ଏପରି ଭାବରେ ଉପକୃତ ହୋଇଥିବାରୁ ସେମାନେ ସବ୍ୟସାଚୀଙ୍କ ନିକଟରେ ହାର୍ଦ୍ଦିକ କୃତଜ୍ଞତା ଜଣାଇଲେ। ଭିନ୍ନକ୍ଷମ ବ୍ୟକ୍ତିମାନେ ଅବହେଳିତ ଓ ଅଲୋଡ଼ା ଜୀବନ ବିତାଇ ହୀନିମାନ ହୋଇ ରହିଥାଆନ୍ତି। ସେମାନଙ୍କୁ ଯେ ସମାଜର ମୁଖ୍ୟ ସ୍ରୋତରେ ମିଶାଯାଇ ପାରିବ ଉପର ଲିଖିତ ପ୍ରୟାସ ତା'ର ଏକ ଦୃଷ୍ଟାନ୍ତ।

■

# ନୀଳାଚଳରୁ ହିମାଚଳ: ସବ୍ୟସାଚୀଙ୍କ ଆଧ୍ୟାତ୍ମିକ ଅଭିଯାତ୍ରା

ଆମ ଆଧ୍ୟାତ୍ମିକ ଜୀବନ କେନ୍ଦ୍ରରେ ବିଦ୍ୟମାନ ପ୍ରଭୁ ଶ୍ରୀଜଗନ୍ନାଥ। ତାଙ୍କର ସ୍ମରଣ, ସେବା ବା ତାଙ୍କ ସମ୍ପର୍କିତ କାର୍ଯ୍ୟ, ଆଧ୍ୟାତ୍ମିକତା ପର୍ଯ୍ୟାୟଭୁକ୍ତ। ସେହିପରି ଏକ କାର୍ଯ୍ୟ ସମ୍ପାଦନ କରିବା ପାଇଁ ଚଳଚ୍ଚିତ୍ର ନାୟକ ତଥା ସମାଜସେବୀ ଶ୍ରୀ ସବ୍ୟସାଚୀ ମିଶ୍ର ସୁଦୂର ଉତ୍ତରାଖଣ୍ଡ ରାଜ୍ୟକୁ ଯାତ୍ରା ଆରମ୍ଭ କରିଥିଲେ। ଏହାର କାରଣ, ଉଦ୍ଦେଶ୍ୟ ଓ ପରିଣତି ବିଷୟରେ ଅବଗତ ହେଲେ ମନେହେବ ସବ୍ୟସାଚୀ ଜଗନ୍ନାଥଙ୍କୁ ହିମାଳୟର ପାହାଡ଼ ପର୍ବତରେ ଖୋଜିଛନ୍ତି, ଆବିଷ୍କାର କରିଛନ୍ତି ଏବଂ ଲୋକଲୋଚନକୁ ଆଣିଛନ୍ତି। ତେଣୁ ତାଙ୍କୁ ଆଧୁନିକ ଯୁଗର ବିଦ୍ୟାପତି ବୋଲି କହିଲେ ଅତ୍ୟୁକ୍ତି ହେବ ନାହିଁ।

ଉପର ଲିଖିତ ଯାତ୍ରାର ଉତ୍ସ ଥିଲା ଶ୍ରୀକ୍ଷେତ୍ରରେ। ପୁରୀ ସହର ନିବାସୀ ଶ୍ରୀ ଜନାର୍ଦ୍ଦନ ପାଟଯୋଶୀ ମହାପାତ୍ର ହେଉଛନ୍ତି ପ୍ରଭୁ ଶ୍ରୀଜଗନ୍ନାଥଙ୍କର ଜଣେ ଅଗ୍ରଗଣ୍ୟ ସେବାୟତ। ତାଙ୍କ କନ୍ୟା ଉତ୍ତରାଖଣ୍ଡ ରାଜ୍ୟର ଡେରାଡୁନ ସହରରେ ଥିବା ଏକ ଅନୁଷ୍ଠାନରେ ଅଧ୍ୟୟନ କରିବା ପାଇଁ ଆଗ୍ରହ ପ୍ରକାଶ କଲେ। ଝିଅକୁ ଏତେ ଦୂରକୁ ଛାଡ଼ିବାକୁ ପିତାଙ୍କର ଇଚ୍ଛା ନଥିଲା। କିନ୍ତୁ ସେ ଜିଦ୍ ଧରିବାରୁ ପାଟଯୋଶୀ ମହାଶୟ ବାଧ୍ୟ ହୋଇ ପ୍ରଥମ ଥର ପାଇଁ ତାଙ୍କୁ ସେଠାରେ ଛାଡ଼ିବାକୁ ଯାଇଥିଲେ। ଉତ୍ତରାଖଣ୍ଡ ରାଜ୍ୟ ଓ ହିମାଳୟ ପର୍ବତର ପାଦ ଦେଶରେ ସେହି ପର୍ବତ କୋଳରେ ରହିଛି ବହୁ ତୀର୍ଥସ୍ଥାନ। ତାହାର ଏତେ ନିକଟକୁ ଆସି ମଧ୍ୟ ସେ କ'ଣ ତନ୍ମଧ୍ୟରୁ ଗୋଟିଏ

ହେଲେ ପାବନ କ୍ଷେତ୍ର ଦର୍ଶନ କରିପାରିବେ ନାହିଁ ? ତେଣୁ ଫେରିଲା ବେଳକୁ ସେ ଗଲେ ଗଙ୍ଗୋତ୍ରୀ ଦର୍ଶନରେ। ଯିବା ବାଟରେ ସେ ଉତ୍ତରକାଶୀର ଏକ ଆଶ୍ରମରେ ଅବସ୍ଥାନ କରିଥିଲେ। ସେଠାକାର ପ୍ରାକୃତିକ ଶୋଭା ଥିଲା ଯେପରି ମନୋମୁଗ୍ଧକର ସେହିପରି ଆଧ୍ୟାତ୍ମିକ ଭାବ ଉଦ୍ରେକକାରୀ। ତାଙ୍କ ମନକୁ ଆସିଲା, ଏପରି ପବିତ୍ର ସ୍ଥାନରେ କିପରି ଜଗନ୍ନାଥ ନାହାନ୍ତି ? ସେ ତ ଜଗନ୍ନାଥ ଗତ ପ୍ରାଣ ସେବାୟତ। ଜଗନ୍ନାଥ ଭାବରେ ତଲ୍ଲୀନ ହୋଇଯିବାରୁ ଚତୁର୍ଦ୍ଦିଗରେ ତାଙ୍କୁ ଦୃଶ୍ୟମାନ ହେଲା ଜଗନ୍ନାଥଙ୍କର ଚକା ଆଖି। ସେ ଯେଉଁ ଆଶ୍ରମରେ ଅବସ୍ଥାନ କରୁଥିଲେ ସେଠାରେ ସନ୍ନ୍ୟାସୀଙ୍କୁ ପଚାରିଲେ ଏଠାରେ ଜଗନ୍ନାଥ ମନ୍ଦିର ନାହିଁ? ସନ୍ନ୍ୟାସୀ ଉତ୍ତର ଦେଲେ ଯେ ସେ ବହୁଦିନ ତଳେ ଶୁଣିଥିଲେ ଏ ଅଞ୍ଚଳରେ ଏକ ଜଗନ୍ନାଥ ମନ୍ଦିର ଅଛି। ମାତ୍ର ସେ ସମ୍ବନ୍ଧରେ ତାଙ୍କୁ ଅଧିକ କିଛି ଜଣା ନାହିଁ। ଏହି ସଂକ୍ଷିପ୍ତ ଉତ୍ତର ମଧ୍ୟ ପାଟ୍ଟଯୋଶୀ ମହାଶୟଙ୍କୁ ଆନନ୍ଦିତ କଲା। ସେ ନିଶ୍ଚୟ ସେ ମନ୍ଦିର ନିକଟକୁ ଯିବେ। ସ୍ଥାନୀୟ ଲୋକଙ୍କ ମଧ୍ୟରେ ଅନୁସନ୍ଧାନ କରି ଜାଣିବାକୁ ପାଇଲେ ଯେ ଉତ୍ତରକାଶୀଠାରୁ ଅଧିକ ଉଚ୍ଚ, ସମୁଦ୍ର ପତନଠାରୁ ପ୍ରାୟ ୪୦୦୦ ଫୁଟ ଉଚ୍ଚରେ ରହିଛି ଏକ ପ୍ରାଚୀନ ଜଗନ୍ନାଥ ମନ୍ଦିର ଯାହାର ଦୂରତା ପ୍ରାୟ ୩/୪ କିଲୋମିଟର ହେବ। ପାଟ୍ଟଯୋଶୀ ମହାଶୟ ଏକ କାର୍ ଯୋଗେ ସେଠାକୁ ଯାତ୍ରା କଲେ। ନିଛାଟିଆ ବୁଲାଣି ପାହାଡ଼ୀ ରାସ୍ତାରେ ବହୁ ଦୂର ଗଲେ ମଧ୍ୟ ଜଗନ୍ନାଥ ମନ୍ଦିର ଦେଖାଗଲା ନାହିଁ। ରାସ୍ତାରେ କୌଣସି ଲୋକ ଦେଖାଯାଉ ନଥିବା ସ୍ଥଳେ କାହାଠୁ ପଚାରି ବୁଝିବେ ? ଆଉ କିଛି ବାଟ ଅଗ୍ରସର ହେବା ପରେ ତିନିଜଣ ପଥଚାରୀ ଦେଖିବାକୁ ମିଳିଲେ। ସେମାନଙ୍କ ନିକଟରେ ଗାଡ଼ି ଅଟକାଇ ଜଗନ୍ନାଥ ମନ୍ଦିର କେଉଁଠି ବୋଲି ପଚାରିଲେ। ସେମାନେ କହିଲେ ଆପଣ ମନ୍ଦିର ନିକଟରେ ପହଞ୍ଚି ଯାଇଛନ୍ତି। ଟିକିଏ ତଳକୁ ଓହ୍ଲାଇଗଲେ ମନ୍ଦିର ଦେଖି ପାରିବେ। ଗାଡ଼ିକୁ ସେହିଠାରେ ଛାଡ଼ି ସେ ତଳକୁ ଓହ୍ଲାଇଲେ। ପ୍ରଥମେ ନୀଳଚକ୍ର ତାଙ୍କର ଦୃଷ୍ଟି ଆକର୍ଷଣ କଲା। ମାତ୍ର ପାଖକୁ ଯାଇ ଦେଖିଲେ ମନ୍ଦିର ଦ୍ୱାର ବନ୍ଦ। ତେଣୁ ବହୁ ପ୍ରତୀକ୍ଷିତ ଜଗନ୍ନାଥ ଦର୍ଶନ ସମ୍ଭବ ହୋଇ ପାରିଲା ନାହିଁ। ଚାହୁଁ ଚାହୁଁ ଗାଁ ଭିତରେ ଖବର ପହଞ୍ଚିଲା ଯେ ପୁରୀରୁ ଜଗନ୍ନାଥଙ୍କ ପଣ୍ଡା ଆସିଛନ୍ତି। ତେଣୁ ମନ୍ଦିର ଅଧକ୍ଷ ଓ ଅନ୍ୟ କେତେଜଣ ଭଦ୍ରବ୍ୟକ୍ତି ଆସି ତାଙ୍କୁ ଦେଖା କଲେ। ସେମାନଙ୍କଠାରୁ ସେ ଜାଣିଲେ ଯେ ମନ୍ଦିର ବହୁଦିନ ଧରି ବନ୍ଦ ରହିଛି। କୌଣସି ସେବା ପୂଜା

ହୋଇପାରୁନାହିଁ। ଏହା କେବେ କେମିତି ଖୋଲେ। ସ୍ଥାନୀୟ ଲୋକଙ୍କର ସମ୍ବଳହୀନତା ଏହାର କାରଣ ପରି ପ୍ରତୀୟମାନ ହେଲା। ମନ୍ଦିରର ଏହି ଦୁର୍ଦ୍ଦଶା ଦେଖି ପାଟଯୋଶୀ ମହାଶୟ ଗଭୀର ଭାବରେ ମର୍ମାହତ ହେଲେ। ଭଗ୍ନ ମନୋରଥରେ ସେ ଫେରିଆସିଲେ। ମାତ୍ର ମନ୍ଦିର ଉଦ୍ଧାର ଚିନ୍ତା ତାଙ୍କୁ ଛାଡ଼ିଲା ନାହିଁ, ଅସ୍ଥିର କଲା। ସେ ପୁରୀ ଫେରି ଆସିଲା ପରେ ମଧ୍ୟ ତାଙ୍କର ସେହି ଚିନ୍ତା। ଗୋପବନ୍ଧୁଙ୍କ ଭାଷାରେ, "ପୁଣ୍ୟ ଜନ୍ମମାଟି, ପୁଣ୍ୟ ଦେବାଳୟ / ଉଦ୍ଧରିବା ପାଇଁ କଲେ ତନୁ କ୍ଷୟ / ମାନବ ଜୀବନ ହୁଅଇ ସଫଳ / ଏ ମହା ଦୀକ୍ଷା କି ବୁଝିବ ଉତ୍କଳ ?" ବହୁ ଦୂରରେ ହିମାଳୟ ପର୍ବତମାଳାର କଟି ଦେଶରେ ଅବସ୍ଥିତ ଏହି ପୁଣ୍ୟ ଦେବାଳୟର କିଏ ଉଦ୍ଧାର କରିପାରିବ ? ପାଟଯୋଶୀଙ୍କ ମନକୁ ଆସିଲା ସବ୍ୟସାଚୀଙ୍କୁ ଏଥିପାଇଁ ପ୍ରସ୍ତାବ ଦେବେ। ତାଙ୍କର ଅନୁଭବ ହେଲା ଏହା ଶ୍ରୀ ଜଗନ୍ନାଥଙ୍କର ନିର୍ଦ୍ଦେଶ।

ଏହି ପ୍ରସ୍ତାବ ସବ୍ୟସାଚୀଙ୍କ ନିକଟରେ ପହଞ୍ଚିଲା ପ୍ରାୟ ୨୦୨୨ ମସିହା ଶେଷ ଭାଗରେ। ଏହି କାର୍ଯ୍ୟ ସେ କରିପାରିବେ ବୋଲି ତାଙ୍କର ବିଶ୍ୱାସ ହେଲା ନାହିଁ। ସମୟ ଗଡ଼ି ଚାଲିଲା। ଖ୍ୟାତନାମା ଅଭିନେତ୍ରୀ ଅର୍ଚ୍ଚିତା (ସବ୍ୟସାଚୀଙ୍କ ପତ୍ନୀ) ଙ୍କର ୨୦୨୩ ମସିହା ଜୁନ୍ ମାସରେ ସିନେମା ସୁଟିଙ୍ଗ୍ ପାଇଁ ଋଷିକେଶ ଯିବାର କାର୍ଯ୍ୟକ୍ରମ ସ୍ଥିର ହେଲା। ସେ ତାଙ୍କ ସହିତ ସବ୍ୟସାଚୀଙ୍କୁ ଯିବାର ପ୍ରସ୍ତାବ ଦେଲେ। ଏହା ଜାଣି ସବ୍ୟସାଚୀ ଭାବିଲେ ପୂର୍ବୋକ୍ତ ମନ୍ଦିର ଉଦ୍ଧାର ପାଇଁ ବୋଧହୁଏ ଜଗନ୍ନାଥ ସୁଯୋଗ ଆଣି ପହଞ୍ଚାଇଦେଲେ।

ଋଷିକେଶରେ ପହଞ୍ଚି ସବ୍ୟସାଚୀ ପ୍ରଥମେ ଉକ୍ତ ଜଗନ୍ନାଥ ମନ୍ଦିରର ଅଧ୍ୟକ୍ଷଙ୍କୁ ମୋବାଇଲ ଯୋଗେ ଜଣାଇଦେଲେ ସେଠାକୁ ଯିବାର ତାଙ୍କ କାର୍ଯ୍ୟକ୍ରମ ଓ ଉଦ୍ଦେଶ୍ୟ। ସେହି ଉଦ୍ଦେଶ୍ୟକୁ ମଧ୍ୟ ସେ ଗଣମାଧ୍ୟମରେ ଉପସ୍ଥାପନ କଲେ। ଫଳରେ ଏହାର ବହୁଳ ପ୍ରଚାର ହୋଇଗଲା। କେତେଜଣ ସାଧୁ ସନ୍ନ୍ୟାସୀ ତାଙ୍କୁ ଦେଖାକରି ଆଲୋଚନା କଲେ। ଆଶ୍ଚର୍ଯ୍ୟର କଥା ସେମାନଙ୍କ ମଧ୍ୟରେ ଥିଲେ ଏକାଧିକ ଓଡ଼ିଆ ସନ୍ନ୍ୟାସୀ ଓ ଜଣେ ଓଡ଼ିଆ ସନ୍ନ୍ୟାସିନୀ। ସେମାନଙ୍କ ମଧ୍ୟରୁ ଉଲ୍ଲେଖନୀୟ ହେଉଛନ୍ତି ସ୍ୱାମୀ ସ୍ୱରାଜାନନ୍ଦ, ସ୍ୱାମୀ ଅସୀମାନନ୍ଦ ଏବଂ ସନ୍ନ୍ୟାସିନୀ, ମାତାଜୀ ନାମରେ ପରିଚିତ। ସ୍ୱାମୀ ସ୍ୱରାଜାନନ୍ଦଙ୍କ ସାଧନା ବିଷୟରେ ଜଣାଗଲା ଯେ ସେ ସେଠାରେ ବିଗତ ୨୭ବର୍ଷ ଧରି ଆଧ୍ୟାତ୍ମିକ ସାଧନାରେ ନିବିଷ୍ଟ ଅଛନ୍ତି। ସ୍ଥାନୀୟ

ସାଧୁ ସନ୍ଥମାନେ ସବ୍ୟସାଚୀଙ୍କ ମହତ୍ କାର୍ଯ୍ୟରେ ସାହାଯ୍ୟ କରିବା ପାଇଁ ଆଗେଇ ଆସିଲେ।

୨୦୨୩ ଜୁନ ୨୮ ତାରିଖ ବାହୁଡ଼ା ତିଥି ଦିନ ସବ୍ୟସାଚୀ, ଅର୍ଚ୍ଚିତା ଏବଂ କେତେକ ସନ୍ନ୍ୟାସୀ ଯାଇ ପହଞ୍ଚିଲେ ସାଲ୍ଙ୍କ ଗ୍ରାମରେ ଯେଉଁଠାରେ ପୂର୍ବୋକ୍ତ ପ୍ରାଚୀନ ଜଗନ୍ନାଥ ମନ୍ଦିର ଅବସ୍ଥିତ। ଋଷିକେଶରୁ ବାହାରି ସେମାନେ ପ୍ରାୟ ୧୬୦ କି.ମି. ଦୂରରେ ଥିବା ଉତ୍ତରକାଶୀ ଦେଇ ସେଠାରୁ ଆହୁରି ୩/୪ କି.ମି ଦୂରରେ ଥିବା ସାଲ୍ଙ୍କ ଗ୍ରାମକୁ ଯାଇଥିଲେ। ସେମାନଙ୍କୁ ସ୍ୱାଗତ କରିବା ପାଇଁ ଅପେକ୍ଷା କରି ରହିଥିଲେ ମନ୍ଦିର ଅଧ୍ୟକ୍ଷ ଏବଂ ଅନ୍ୟ କେତେଜଣ ବ୍ୟକ୍ତି। ସ୍ୱାଗତ ପରେ ହେଲା ଦେବଦର୍ଶନ। ଦେଖାଗଲା ରତ୍ନସିଂହାସନରେ ପୂଜାପାଆନ୍ତି ତିନୋଟି ବିଗ୍ରହ ଆକାରର ପାଷାଣ। ମଧ୍ୟଭାଗରେ ଥିବା ପାଷାଣ ହାଲକା ଭାବରେ ଖୋଦିତ ହୋଇ ମୁଖମଣ୍ଡଳରେ ଆଖି, ନାକ ଓ ପାଟି ଦୃଶ୍ୟମାନ ହେଉଛି। ଲୋକ ସ୍ମୃତି ଅନୁସାରେ ଏହି ବିଗ୍ରହଟିକୁ ଜଗନ୍ନାଥଙ୍କ ପ୍ରତୀକ ଭାବରେ ଆଦି ଶଙ୍କାରାଚାର୍ଯ୍ୟ (ଖ୍ରୀ. ୭୮୮-୮୨୦) ଏଠାରେ ପ୍ରତିଷ୍ଠା କରିଥିଲେ। ଜଗନ୍ନାଥ ହେଉଛନ୍ତି ସ୍ଥାନୀୟ ଲୋକଙ୍କର ଇଷ୍ଟଦେବତା। ମଧ୍ୟମ ବିଗ୍ରହର ବାମ ପାର୍ଶ୍ୱରେ ଥିବା ପାଷାଣଟି ଗଣେଶ ରୂପେ ପୂଜା ପାଆନ୍ତି। ଡାହାଣ ପଟେ ଥିବା ପାଷାଣଟି ପାଇଁ ଗୋଟିଏ ଲମ୍ବା ଲୋକକଥା ପ୍ରଚଳିତ ଅଛି। ଅତୀତରେ ଜଣେ ସ୍ଥାନୀୟ ମୁଖିଆଙ୍କର ସନ୍ତାନସନ୍ତତି ନ ଥିଲେ। ସେଥିପାଇଁ ତାଙ୍କ ଦୁଃଖର ସୀମା ନ ଥିଲା। ତାଙ୍କୁ ଜଣେ କେହି ପ୍ରସ୍ତାବ ଦେଲେ ଯେ ସେ ପୁରୀଧାମ ଯାଇ ଶ୍ରୀଜଗନ୍ନାଥଙ୍କ ଶରଣାପନ୍ନ ହୁଅନ୍ତୁ। ବହୁ ଚେଷ୍ଟାରେ ବିଫଳ ମନୋରଥ ହୋଇଥିବା ମୁଖିଆ, ଏହାକୁ ଶେଷ ଚେଷ୍ଟା ରୂପେ ଗ୍ରହଣ କଲେ। ପୁରୀ ଯାଇ ଜଗନ୍ନାଥ ଦର୍ଶନ କଲେ ଏବଂ ପ୍ରଭୁଙ୍କୁ ଗୁହାରି ଜଣାଇଲେ। ସେଠାରେ ଥିବା ସମୟରେ ତାଙ୍କୁ ସ୍ୱପ୍ନାଦେଶ ହେଲା ଯେ ସେ ନିଜ ଅଞ୍ଚଳରେ ଏକ ମନ୍ଦିର ତୋଳାଇ ସେଥିରେ ଜଗନ୍ନାଥଙ୍କର ନିଷ୍ଠାପର ସେବାପୂଜାର ବ୍ୟବସ୍ଥା କରନ୍ତୁ। ମୁଖିଆ ସେହି ପ୍ରକାର କାର୍ଯ୍ୟ କଲେ। କିଛି ଦିନ ପରେ ତାଙ୍କର ଏକ ପୁତ୍ର ସନ୍ତାନ ଜାତ ହେଲା। ପୁଅର ବୟସ ବଢ଼ିବା ସଙ୍ଗେ ସଙ୍ଗେ ପ୍ରଭୁଙ୍କ ସେବା ପୂଜାରେ ନିଷ୍ଠା ହ୍ରାସ ପାଇଲା। ତନ୍ତ୍ର ବିଦ୍ୟା ପ୍ରବେଶ କରି ବହୁ ଅନୀତି କାର୍ଯ୍ୟ ସମ୍ପାଦିତ ହେଲା। ପୁଅର ବୟସ ଯେତେବେଳେ ୧୧ ବର୍ଷ ସେତେବେଳେ ସେ ବିଲକୁ ବୁଲି ଯାଇଥିଲା। ସେହିଠାରେ ସେ ଅଦୃଶ୍ୟ ହୋଇଗଲା। ଯେତେ ଖୋଜା

ଖୋଜି କଲେ ମଧ୍ୟ ତାର ସନ୍ଧାନ ମିଳିଲା ନାହିଁ। ଯାହାର ଜମି ସେ ହଳ କରିବାକୁ ଗଲାବେଳେ ତାକୁ ଶୂନ୍ୟବାଣୀ ହେଲା ଯେ ସେ ଏକ ନିର୍ଦ୍ଦିଷ୍ଟ ସ୍ଥାନରେ ହଳ ନ କରି ତାହାର ଉଭୟ ପାର୍ଶ୍ୱରେ ହଳ କରୁ। ମାତ୍ର ସେହି ବ୍ୟକ୍ତି ଭୁଲବଶତଃ ନିଷିଦ୍ଧ ଅଞ୍ଚଳରେ ହଳ ବୁଲାଇଦେଲା। ଫଳରେ ସେହି ସ୍ଥାନରୁ ରକ୍ତ ଝରିଲା। ସେହି ଭୂମିରୁ ଏକ ଶିଳା ଉଦ୍ଧାର ହେଲା ଯାହା ଦେହରେ ଲଙ୍ଗଳ ମୁନ ବାଜିବାର ସାତଟି ଗାର ଥିଲା। ଏଥିରେ ଲୋକେ ଆଶ୍ଚର୍ଯ୍ୟ ହେଲେ। ପୂର୍ବୋକ୍ତ ମୁଖିଆ ସେହି ଶିଳାକୁ ମନ୍ଦିରରେ ସ୍ଥାପନ କରି ପୂଜା କରିବାକୁ ବିଚାର କଲେ। ପୁନର୍ବାର ଶୂନ୍ୟ ବାଣୀ ହେଲା, "ପୂର୍ବ ମନ୍ଦିରରେ ମୋତେ ରଖ ନାହିଁ। ନୂତନ ମନ୍ଦିରରେ ମୋତେ ସ୍ଥାପନ କର।" ବର୍ତ୍ତମାନ ଥିବା ଦେବାଳୟଟି ହେଉଛି ସେହି ତଥାକଥିତ ନୂତନ ମନ୍ଦିର। ସେଠାରେ ସ୍ଥାପିତ ହୋଇଥିବା ଶିଳା ଶରୀରରେ ଏବେ ମଧ୍ୟ ସାତଟି ଗାର ଶୋଭା ପାଉଛି। ଏହି ଘଟଣାଟି ଆଦି ଶଙ୍କରାଚାର୍ଯ୍ୟଙ୍କ ଦ୍ୱାରା ଜଗନ୍ନାଥଙ୍କ ପ୍ରତୀକ ଶିଳାର ସ୍ଥାପନ ପୂର୍ବରୁ ଘଟିଥିଲା।

ଦର୍ଶନ ସମୟରେ ସବ୍ୟସାଚୀ ସଙ୍ଗରେ ନେଇଥିବା ପୁରୀ ଜଗନ୍ନାଥଙ୍କର ଏକ ବନ୍ଧେଇ ପ୍ରତିକୃତି ମନ୍ଦିରକୁ ଦାନ କରିଥିଲେ। ସେଠାରେ ଉପସ୍ଥିତ ଥିବା ବ୍ୟକ୍ତିମାନେ ଆଗ୍ରହରେ ତାହା ଗ୍ରହଣ କରି ଗର୍ଭଗୃହରେ ପ୍ରବେଶ ଦ୍ୱାର ଉପରେ ଖଞ୍ଜିଦେଲେ। ସେମାନଙ୍କ ମତରେ ଜଗନ୍ନାଥ ହେଉଛନ୍ତି ଅଗ୍ରପୂଜ୍ୟ। ତେଣୁ ପୂଜକ ଗର୍ଭଗୃହରେ ପ୍ରବେଶ କରିବା ସମୟରେ ଜଗନ୍ନାଥଙ୍କ ନିକଟରେ ନତମସ୍ତକ ହୋଇ ଭିତରକୁ ଯିବେ। ଦର୍ଶନ ପରେ ହେଲା ପ୍ରସାଦ ସେବନ। ଏହାପରେ ସବ୍ୟସାଚୀ ଓ ତାଙ୍କ ଦଳ ମନ୍ଦିର ନିକଟରେ ଥିବା ପାଞ୍ଚଟି କ୍ଷୁଦ୍ର ପାହାଡ଼ୀ ଗ୍ରାମରେ ପଦଯାତ୍ରା ଆରମ୍ଭ କଲେ। ଦୁଆର ଦୁଆର ବୁଲି ସେ ସମସ୍ତଙ୍କୁ ତା ଆରଦିନ ଅର୍ଥାତ୍ ୨୦୨୩ ଜୁନ ୨୯ ତାରିଖ ଦିନ ସମସ୍ତେ ମନ୍ଦିର ନିକଟରେ ଏକତ୍ରିତ ହେବା, ମନ୍ଦିର ଖୋଲିବା ପାଇଁ ଆଲୋଚନା କରିବା, ଭଜନ ସମାରୋହରେ ଯୋଗଦେବା ଏବଂ ପ୍ରସାଦ ସେବନରେ ଆପ୍ୟାୟିତ ହେବା ପାଇଁ ନିମନ୍ତ୍ରଣ ଜଣାଇଲେ। ସେମାନଙ୍କ ଦଳରେ ଥିଲେ ନିଜେ ସବ୍ୟସାଚୀ, ଅର୍ଚ୍ଚିତା ଏବଂ ସ୍ୱାମୀ ସ୍ୱରାଜାନନ୍ଦ। ଏଥିପାଇଁ ବାହାରିଲା ବେଳେ ସ୍ୱାଗତ ଜଣାଇଥିବା ବ୍ୟକ୍ତିମାନେ ସବ୍ୟସାଚୀଙ୍କୁ କହିଲେ, ସେମାନେ ଲୋକଙ୍କ ନିକଟରେ ନିମନ୍ତ୍ରଣ ପହଞ୍ଚାଇଦେବେ। ଏଥିପାଇଁ ସେ କାହିଁକି କଷ୍ଟ ସ୍ୱୀକାର କରିବେ? କିନ୍ତୁ ସବ୍ୟସାଚୀ ଭାବିଲେ, ସେ ବ୍ୟକ୍ତିଗତ ଭାବେ

ନିମନ୍ତ୍ରଣ କଲେ ଲୋକେ ନିଶ୍ଚୟ ଆସିବେ। ୨୮ ଓ ୨୯ ତାରିଖ, ଏହି ଦୁଇଦିନ ଥିଲା ଜଗନ୍ନାଥଙ୍କ କାର୍ଯ୍ୟ ପାଇଁ ଅତ୍ୟନ୍ତ ଗୁରୁତ୍ୱପୂର୍ଣ୍ଣ। ପ୍ରଥମଟି ଥିଲା ଜଗନ୍ନାଥଙ୍କର ବାହୁଡ଼ାଯାତ୍ରା ଏବଂ ଦ୍ୱିତୀୟଟି ସୁନାବେଶ ହେବାର ତିଥି।

ନିମନ୍ତ୍ରଣକାରୀ ଦଳ ସହିତ ଗାଁର ଛୋଟ ଛୋଟ ପିଲାମାନେ କୌତୁହଳବଶତଃ ଚାଲିଲେ। ସବ୍ୟସାଚୀ କହିଲେ, ଜୟ ଜଗନ୍ନାଥ। ପିଲେ ଏକ ସ୍ୱରରେ ଉଚ୍ଚାରଣ କଲେ ଜୟ ଜଗନ୍ନାଥ। ପିଲାଙ୍କର ବାରମ୍ବାର ଜୟ ଜଗନ୍ନାଥ ଧ୍ୱନିରେ ଚତୁର୍ଦ୍ଦିଗ ପ୍ରକମ୍ପିତ ହେଲା। ପିଲାଙ୍କ ପାଟି ଶୁଣି ଘରୁ ନ ବାହାରିବା ଲୋକ ମଧ୍ୟ ବାହାରି ଆସିଲେ। ସବ୍ୟସାଚୀ ସେମାନଙ୍କୁ ବିନମ୍ର ନମସ୍କାର କରି ନିମନ୍ତ୍ରଣ ଜଣାନ୍ତି। ଏହି ପଦଯାତ୍ରା ଫଳରେ ନୀରବ ନିଶ୍ଚଳ ପାହାଡ଼ୀ ଗ୍ରାମ ପୁଞ୍ଜରେ ପ୍ରବାହିତ ହେଲା ଜଗନ୍ନାଥ ଚେତନାର ଅଭୂତପୂର୍ବ ଧାରା।

ତା' ପରଦିନ ଲୋକେ ନିର୍ଦ୍ଦିଷ୍ଟ ସମୟରେ ମନ୍ଦିର ନିକଟରେ ଏକତ୍ରିତ ହେଲେ। ପ୍ରଥମେ ଆରମ୍ଭ ହେଲା ଭଜନ ସମାରୋହ। ଉପସ୍ଥିତ ବ୍ୟକ୍ତିମାନଙ୍କ ମଧ୍ୟରୁ କେତେଜଣ ଭଜନ ପରିବେଷଣ କରିଥିଲେ। ଆୟୋଜକଙ୍କ ତରଫରୁ ସ୍ୱାମୀ ସ୍ୱରାଜାନନ୍ଦ ଓ ଅର୍ଚ୍ଚିତା ଭଜନ ଗାନ କରିଥିଲେ। ଅର୍ଚ୍ଚିତା ବୋଲିଥିଲେ ଓଡ଼ିଆରେ ଜଗନ୍ନାଥଙ୍କ ଜନପ୍ରିୟ ଭଜନ, "ଆହେ ନୀଳ ଶଇଳ, ପ୍ରବଳ ମତ୍ତ ବାରଣ / ମୋ ଆରତ ନଳିନୀ ବନକୁ କର ଦଳନ।" ଭାଷା ବୁଝି ପାରୁ ନଥିଲେ ମଧ୍ୟ ଲୋକେ ଅର୍ଚ୍ଚିତାଙ୍କ ଲଳିତ କଣ୍ଠସ୍ୱର ଓ ଆଧ୍ୟାତ୍ମିକ ଭାବରେ ମଜ୍ଜି ଯାଇଥିଲେ। ତା'ପ ରେ ଆରମ୍ଭ ହେଲା ସଭା। ସଭାରେ ସଂଯୋଜନା କରିଥିଲେ ସଙ୍ଗରେ ଯାଇଥିବା ଆଚାର୍ଯ୍ୟ ସଚ୍ଚିଦାନନ୍ଦ। ସ୍ୱାମୀ ସ୍ୱରାଜାନନ୍ଦ, ସବ୍ୟସାଚୀ ଓ କେତେକ ସ୍ଥାନୀୟ ଲୋକ ଭାଷଣ ଦେଇଥିଲେ। ଲୋକଙ୍କୁ ମନ୍ଦିରାଭିମୁଖୀ କରିବା ପାଇଁ ସବ୍ୟସାଚୀ କହିଲେ ସ୍ଥାନୀୟ ଜଗନ୍ନାଥ ମନ୍ଦିରର ଉନ୍ନତି ହେଲେ ଏଠାକାର ଗ୍ରାମ ପୁଞ୍ଜର ଉନ୍ନତି ହେବ। ଏଠାକୁ ବହୁ ସଂଖ୍ୟକ ପର୍ଯ୍ୟଟକ ଓ ଭକ୍ତ ଆସିବେ। ସେମାନଙ୍କର ସଂଖ୍ୟା ବଢ଼ିବା ସଂଗେ ସଂଗେ ସ୍ଥାନୀୟ ଲୋକଙ୍କର ଆୟ ମଧ୍ୟ ବୃଦ୍ଧି ପାଇବ। ଏହା ଦ୍ୱାରା ସେ ଲୋକଙ୍କ ମନରେ ଭବିଷ୍ୟତର ଏକ ରଙ୍ଗୀନ ସ୍ୱପ୍ନ ଆଙ୍କି ପାରିଥିଲେ। ସ୍ୱାମୀ ସ୍ୱରାଜାନନ୍ଦ ତାଙ୍କ ଭାଷଣରେ କହିଲେ- ମହାଭାରତ ଯୁଦ୍ଧରେ ଶ୍ରୀକୃଷ୍ଣ ଯେପରି ତାଙ୍କ କାର୍ଯ୍ୟ କରିବା ପାଇଁ ସବ୍ୟସାଚୀଙ୍କୁ ବାଛିଛନ୍ତି। ଏ କଥାଟି ଦର୍ଶକଙ୍କ ମନକୁ ପାଇଗଲା। ସେମାନେ କରତାଳି ଦ୍ୱାରା ସମର୍ଥନ ଜଣାଇଲେ।

ଏପରିକି କିଛି ସନ୍ଥ ସବ୍ୟସାଚୀଙ୍କୁ ନାରାୟଣ ନାମରେ ସମ୍ବୋଧନ କଲେ।

ସେହି ସମୟରେ ଏକ ଅପ୍ରତ୍ୟାଶିତ ଘଟଣା ଘଟିଲା। ନାଲିବତୀ ଥିବା କାରରେ ଜଣେ ବ୍ୟକ୍ତି ଆସି ସବ୍ୟସାଚୀଙ୍କୁ ସାକ୍ଷାତ କଲେ। ସେ ଥିଲେ ଉତ୍ତରାଖଣ୍ଡ ସରକାରଙ୍କର ପର୍ଯ୍ୟଟନ ବିଭାଗର ଜଣେ ଉଚ୍ଚପଦସ୍ଥ ଅଧିକାରୀ। ସେ ସବ୍ୟସାଚୀଙ୍କୁ କହିଲେ – ଯାହା ଆମେ କରିବା କଥା ତାହା ଆପଣ କଲେ। ସେଥିପାଇଁ ଆପଣଙ୍କୁ ଅଶେଷ ଧନ୍ୟବାଦ। ଏହାପରେ ଉତ୍ତରକାଶୀ ଡିଷ୍ଟ୍ରିକ୍ଟ ମାଜିଷ୍ଟ୍ରେଟ୍ ସବ୍ୟସାଚୀଙ୍କୁ ଫୋନ୍ ଯୋଗେ ଧନ୍ୟବାଦ ଦେଇ ପ୍ରତିଶ୍ରୁତି ଦେଲେ ଯେ ତାଙ୍କର ଯାହା ସାହାଯ୍ୟ ଦରକାର ତାହା ସେ ଯୋଗାଇ ଦେବେ। ଆଶ୍ଚର୍ଯ୍ୟର କଥା ସବ୍ୟସାଚୀଙ୍କର ଏହି ମହତ୍ କାର୍ଯ୍ୟରେ ଯୋଗଦେବା ପାଇଁ ତାଙ୍କର ଏକାଧିକ ସମର୍ଥକ ତଥା ପ୍ରଶଂସକ ଋଷିକେଶ, ଉତ୍ତରକାଶୀ ଓ ଦିଲ୍ଲୀରୁ ଆସି ସେଠାରେ ପହଞ୍ଚିଲେ। ଚତୁର୍ଦ୍ଦିଗରେ ସହଯୋଗର ବାତାବରଣ।

ସେହି ସ୍ଥାନରେ 'ଢ଼ୋ'ଲ୍ ଦେବତା' ନାମରେ ଏକ ବିଚିତ୍ର ପ୍ରଥା ପ୍ରଚଳିତ। ଜଣେ ବ୍ୟକ୍ତି ଢ଼ୋଲ ବଜାଇ ଲୋକଙ୍କ ମଧ୍ୟରେ ବୁଲୁଥିବ। ମନେହେଉଥିବ ଯେପରି ତା' ଚାଲି ତା ନିୟନ୍ତ୍ରଣରେ ନାହିଁ। ଢ଼ୋ'ଲ୍ ଦେବତା ତାହା ନିୟନ୍ତ୍ରଣ କରୁଛନ୍ତି। ବେଳେବେଳେ ଢ଼ୋଲ ଦେବତା କାହା କାହା କାନ ନିକଟରେ ଅଟକିଯିବେ। ସେ ଢ଼ୋଲ ଦେବତାଙ୍କର ନିର୍ଦ୍ଦେଶ ଶୁଣିପାରିଲେ ତାହା ଅନ୍ୟମାନଙ୍କ ଅବଗତି ନିମନ୍ତେ ପ୍ରକାଶ କରିବେ। ସେହିପରି ଏକ ଦୃଶ୍ୟରେ ଆଦେଶ ହେଲା, ଗାଁ ତରଫରୁ ସବ୍ୟସାଚୀଙ୍କୁ ୫୦୧ ଟଙ୍କା ଦିଆଯାଉ ଯାହା ସେ ପୁରୀ ଜଗନ୍ନାଥଙ୍କ ନିକଟରେ ପହଞ୍ଚାଇବେ। ଦ୍ୱିତୀୟରେ ଅର୍ଚ୍ଚିତା ହେଲେ ଏ ଗାଁର ଝିଅ। ଯେହେତୁ ସେ ବିବାହିତ, ଏହା ତାଙ୍କର ବାପଘର। ତେଣୁ ପ୍ରଥା ଅନୁଯାୟୀ ତାଙ୍କୁ ବିଦାକି ଦିଆଯିବ। ତା ସହିତ ତାଙ୍କୁ ୫୦୧ ଟଙ୍କା ମଧ୍ୟ ଦିଆଯିବ। ଢ଼ୋଲ ଦେବତାଙ୍କର ଏହି ଆଦେଶ ଅକ୍ଷରେ ଅକ୍ଷରେ ପାଳିତ ହୋଇଥିଲା। ସବ୍ୟସାଚୀଙ୍କୁ ଦିଆଗଲା ୫୦୧ ଟଙ୍କା ଏବଂ ଅର୍ଚ୍ଚିତାଙ୍କୁ ଦିଆଗଲା ଏକ ପାଟଶାଢ଼ୀ, କିଛି ଚାଉଳ, ନାଲି କନାରେ ଗୁଡ଼ିଆ ହୋଇଥିବା ଏକ ନାରିକେଳ, ୫୦୧ ଟଙ୍କା ଏବଂ ମିଠା ପ୍ୟାକେଟ। ପ୍ରୌଢ଼ ମହିଳାମାନେ ଅର୍ଚ୍ଚିତାଙ୍କୁ ଆଦରରେ ଆଲିଙ୍ଗନ କଲେ। ଗାଁ ବାଲା ଅର୍ଚ୍ଚିତାଙ୍କୁ ଅନୁରୋଧ କଲେ ମଝିରେ ମଝିରେ ସେ ବାପଘର ଗାଁକୁ ଆସିବାକୁ। ନୂଆ ଝିଅର ହାତ ଧରି କେତେକ ମହିଳା ପାରମ୍ପରିକ ଗୀତ ନୃତ୍ୟରେ ମଜ୍ଜିଗଲେ। କେତେକ

ଭଦ୍ରଲୋକ ମଧ୍ୟ ସବ୍ୟସାଚୀଙ୍କ ହାତ ଧରି ନୃତ୍ୟ କଲେ। ସ୍ଥାନୀୟ ଲୋକେ ସେ ଦୁହିଁଙ୍କୁ ପୂରା ଆପଣାର କରିନେଲେ।

ସର୍ବଶେଷ କାର୍ଯ୍ୟକ୍ରମ ଥିଲା ପ୍ରସାଦ ସେବନ। ତାହାର ଆୟୋଜନ ଚାଲିଥିଲାବେଳେ ଗ୍ରାମର କେତେକ ବିଶିଷ୍ଟ ବ୍ୟକ୍ତିଙ୍କ ସହିତ ମନ୍ଦିରର ପୁନରୁଦ୍ଧାର ସମ୍ପର୍କରେ ଆଲୋଚନା ହେଲା। ସେମାନେ କହିଲେ, ମାସକୁ ତିନି ଚାରି ହଜାର ଟଙ୍କା ହେଲେ ପୂଜକଙ୍କର ପାରିଶ୍ରମିକ ସହିତ ପ୍ରଭୁଙ୍କ ସେବା ପୂଜାର ଖର୍ଚ୍ଚ ତୁଲାଯାଇ ପାରିବ। ସବ୍ୟସାଚୀ ଘୋଷଣା କଲେ ଯେ ସେ ନିଜେ ଆସନ୍ତା ଛଅ ମାସର ଖର୍ଚ୍ଚ ମାସକୁ ପାଞ୍ଚ ହଜାର ଟଙ୍କା ଲେଖାଏଁ ବହନ କରିବେ। ଫଳରେ ମନ୍ଦିର ବର୍ତ୍ତମାନଠାରୁ ଖୋଲାଯାଇ ପାରିବ। ସେହି ନିର୍ଦ୍ଦିଷ୍ଟ ସମୟ ପରେ ମନ୍ଦିର ପରିଚାଳନାର ଦାୟିତ୍ୱ ଅଞ୍ଚଳବାସୀ ନିର୍ବାହ କରିବେ। ଏଥିରେ ସମସ୍ତେ ଖୁସି ହୋଇଗଲେ।

ତା'ପରେ ପ୍ରସାଦ ସେବନ କାର୍ଯ୍ୟ ଆରମ୍ଭ ହେଲା। ସେଥିରେ ପ୍ରାୟ ୧୫୦୦ରୁ ଅଧିକ ଲୋକ ଯୋଗ ଦେଇଥିଲେ। ପ୍ରସାଦ ପ୍ରସ୍ତୁତି, ମନ୍ଦିର ସାଜସଜ୍ଜା, ସଭାର ଏବଂ ଅନ୍ୟାନ୍ୟ ଆନୁସଙ୍ଗିକ କାର୍ଯ୍ୟମାନଙ୍କର ସମସ୍ତ ଖର୍ଚ୍ଚ ବହନ କରିଥିଲେ ସବ୍ୟସାଚୀ। ଏହି ସବୁ ଘଟଣା ଥିଲା ସେହି ଗ୍ରାମରେ ପ୍ରଥମ। ତାହା ସ୍ଥାନୀୟ ଲୋକଙ୍କ ପାଇଁ ଆଣିଦେଇଥିଲା ଅବିସ୍ମରଣୀୟ ଅନୁଭୂତି। ପୂର୍ବୋକ୍ତ କାର୍ଯ୍ୟମାନ ଶେଷ କରି ସବ୍ୟସାଚୀ ସଦଳବଳେ ଫେରିଆସିଲେ।

ଶ୍ରୀଜଗନ୍ନାଥଙ୍କର ପରମ ଭକ୍ତ ତଥା ସେବକ ଶ୍ରୀ ପାଟଯୋଶୀ ମହାଶୟ ସବ୍ୟସାଚୀଙ୍କ ଉପରେ ଆସ୍ଥା ରଖି ତାଙ୍କୁ ଯେଉଁ ଦାୟିତ୍ୱ ଅର୍ପଣ କରିଥିଲେ ସେ ତାହା ପୂରଣ କରିବାରେ ସମର୍ଥ ହୋଇଛନ୍ତି। ଅନ୍ୟ କେହି ଏପରି କରି ପାରିଥାଆନ୍ତେ କି ନାହିଁ, ତାହା କହି ହେବ ନାହିଁ। ଜଗନ୍ନାଥଙ୍କ ଆଶୀର୍ବାଦରୁ ସବ୍ୟସାଚୀଙ୍କର ଆଧ୍ୟାତ୍ମିକ ଯାତ୍ରା ମହିମା ମଣ୍ଡିତ ହୋଇଛି। ପୂର୍ବୋକ୍ତ ମନ୍ଦିର ପୁନରୁଦ୍ଧାର ପାଇଁ ଏକ ଜାଗରଣ ସୃଷ୍ଟି ହୋଇଥିବାର ଦେଖାଯାଉଛି। ମନେହେଉଛି ସବ୍ୟସାଚୀ ସ୍ଥାନୀୟ ପ୍ରଶାସନକୁ ଚଳଚଞ୍ଚଳ କରି ଦେଇଛନ୍ତି। ଉତ୍ତରାଖଣ୍ଡର ମୁଖ୍ୟମନ୍ତ୍ରୀ ପୁଷ୍କରସିଂ ଧାମି ଏକ କନ୍‌ଫରେନ୍ସରେ ପ୍ରତିଶ୍ରୁତି ଦେଇଛନ୍ତି, ସେଠାର ଜଗନ୍ନାଥ ମନ୍ଦିର ପାଇଁ ଯେଉଁ କାର୍ଯ୍ୟ ଆରମ୍ଭ ହୋଇଛି ସେ ତାକୁ ଆଗେଇନେବେ। ସବ୍ୟସାଚୀ ଅନୁଭବ କରୁଛନ୍ତି, ଦୁଇ ଦିନରେ ଦୀର୍ଘ ଦିନର କାମ ହୋଇଗଲା ଏବଂ ଅଞ୍ଚଳବାସୀଙ୍କ ସହିତ ଗଭୀର ସମ୍ପର୍କ ମଧ୍ୟ ସ୍ଥାପିତ ହୋଇପାରିଲା। କରୋନା ମହାମାରୀ ସମୟରେ

ବିପନ୍ନ ଲୋକଙ୍କୁ ସାହାଯ୍ୟ କରି ସେ ଖ୍ୟାତି ଅର୍ଜନ କରିଥିଲେ। ଭବିଷ୍ୟତରେ ଜଗନ୍ନାଥ ତାଙ୍କ ଦ୍ୱାରା ଆଉ କେଉଁ ମହତ୍ କାର୍ଯ୍ୟ ସମ୍ପାଦନ କରାଇବେ ତାହା ଦେଖିବାକୁ ବାକି ରହିଲା। ଜୟ ଜଗନ୍ନାଥ।

# ସବ୍ୟସାଚୀ ମିଶ୍ରଙ୍କ ବିଷୟରେ ଅଧିକ ଦୁଇପଦ

ସବ୍ୟସାଚୀଙ୍କ ଜନ୍ମ ୧୯୮୪ ମସିହା ଅକ୍ଟୋବର ୬ ତାରିଖରେ। ସେ ସମ୍ବଲପୁର ଜିଲ୍ଲା ଅନ୍ତର୍ଗତ ବୁର୍ଲା ବଡ଼ ଡାକ୍ତରଖାନାରେ ଜନ୍ମଗ୍ରହଣ କରିଥିଲେ। କାରଣ ସେତେବେଳେ ତାଙ୍କ ଅଜା ଶ୍ରୀ ଦିବାକର ମିଶ୍ର ସମ୍ବଲପୁର ସହରରେ ଅବସ୍ଥାପିତ ହୋଇଥିଲେ ବିକ୍ରିକର ଅଧିକାରୀ ଭାବରେ। ସବ୍ୟସାଚୀଙ୍କର ପୈତୃକ ଜନ୍ମସ୍ଥାନ ଗଞ୍ଜାମ ଜିଲ୍ଲାର ଭଞ୍ଜନଗର ସହର। ମାତ୍ର ରାଜ୍ୟ ରାଜଧାନୀ ଭୁବନେଶ୍ୱରର ସେ ସ୍ଥାୟୀ ବାସିନ୍ଦା। ପିତା ଶ୍ରୀ ସୁରେନ୍ଦ୍ରପ୍ରସାଦ ମିଶ୍ର, ଆଇ.ଏ.ଏସ୍. (ଅବସରପ୍ରାପ୍ତ) ଓ ମାତା ଶ୍ରୀମତୀ ସୁଷମା ମିଶ୍ର ସାହିତ୍ୟିକା, ସୌମ୍ୟକାନ୍ତ, ସବ୍ୟସାଚୀଙ୍କର ସାନଭାଇ। ସେ ଜଣେ ଟେଲିକମ୍ ଇଞ୍ଜିନିୟର।

ସବ୍ୟସାଚୀଙ୍କ ମା' ପିଲାମାନଙ୍କ ପାଇଁ ନାଟିକା ଲେଖନ୍ତି। ତାଙ୍କ ନିର୍ଦ୍ଦେଶନାରେ ତାହା ସ୍ଥାନୀୟ ପିଲାମାନଙ୍କଦ୍ୱାରା ମଞ୍ଚସ୍ଥ କରାଯାଏ। ତାଙ୍କ ଦୁଇପୁଅ ସେଥିରେ ଭାଗ ନିଅନ୍ତି। ହାଇସ୍କୁଲ ପଢ଼ା ସମୟରୁ ସବ୍ୟସାଚୀଙ୍କର ନୃତ୍ୟପ୍ରତି ଆଗ୍ରହ ପ୍ରକାଶ ପାଇଲା। ସିନେମା ନାୟକ ହ୍ରିତିକ୍ ରୋଶନଙ୍କର ନୃତ୍ୟକୁ ଅନୁକରଣ କରି ସେ ନାଚିବା ଅଭ୍ୟାସ କରନ୍ତି ବିନା ଗୁରୁରେ। ସଂପୃକ୍ତ ସଙ୍ଗୀତକୁ ସେହି ସମୟରେ ସେ ବଜାଉଥାଆନ୍ତି, କାସେଟ୍ ମାଧ୍ୟମରେ। ଏକଦା ଏକ ନୃତ୍ୟ ପ୍ରତିଯୋଗିତାରେ ଭାଗ ନେଇ ସେ ଶୀର୍ଷ ସ୍ଥାନ ଅଧିକାର କରିଥିଲେ। ହାଇସ୍କୁଲଠାରୁ ଇଞ୍ଜିନିୟରିଂ ପାଠ ଶେଷ ପର୍ଯ୍ୟନ୍ତ ସେ ପଢ଼ିଛନ୍ତି ଭୁବନେଶ୍ୱରରେ ପିତାମାତାଙ୍କ ପାଖରେ ରହି। ଇଞ୍ଜିନିୟରିଂ ଛାତ୍ର ଥିବାବେଳେ ସେ ଆଲବମ୍‌ରେ ଭାଗ ନେଇଥିଲେ। ସେହି ସମୟରେ ତାଙ୍କର ନୃତ୍ୟରେ ପାରଦର୍ଶିତା ପ୍ରକାଶ ପାଇଲା। ତାଙ୍କର ଶତାଧିକ ନୃତ୍ୟ ଆଲବମ୍ ରହିଛି।

ପ୍ରଖ୍ୟାତ ଚଳଚ୍ଚିତ୍ର ନିର୍ଦ୍ଦେଶକ ଶ୍ରୀଯୁକ୍ତ ହର ପଟ୍ଟନାୟକ ତାଙ୍କର ଆଗାମୀ ଚଳଚ୍ଚିତ୍ର "ପାଗଳପ୍ରେମୀ' ପାଇଁ ଜଣେ ନାୟକ ସନ୍ଧାନରେ ଥିଲେ, ଯାହାର ନୃତ୍ୟରେ ଦକ୍ଷତା ଥିବ। ଏକଦା ଏକ ମଞ୍ଚ ଉପରେ ସବ୍ୟସାଚୀଙ୍କର ନୃତ୍ୟ ପ୍ରଦର୍ଶନ ଦେଖିବାର ସୁଯୋଗ ପାଇ ସେ ତାଙ୍କୁହିଁ ଉକ୍ତ ଚଳଚ୍ଚିତ୍ରର ନାୟକ ଭୂମିକା ପାଇଁ ଚୟନ କରିଥିଲେ। ୨୦୦୭ ମସିହାରେ ସେହି ଚଳଚ୍ଚିତ୍ର ସଫଳତାର ସହିତ ଆତ୍ମପ୍ରକାଶ କଲା। ସେତେବେଳକୁ ସବ୍ୟ ଇଞ୍ଜିନିୟରିଂ ପାସ୍ କରି ସାରିଥିଲେ। ଏହିଠାରୁ ତାଙ୍କର ଚଳଚ୍ଚିତ୍ର ଜଗତରେ ଯାତ୍ରା ଆରମ୍ଭ ହୋଇ ପ୍ରଲମ୍ବିତ ହୋଇ ଚାଲିଛି। ତାହା କେବଳ ଓଡ଼ିଆ ଚଳଚ୍ଚିତ୍ରରେ ସୀମିତ ନୁହେଁ। ସେ ତେଲୁଗୁ, ତାମିଲ ଓ ବଙ୍ଗଳା ଚଳଚ୍ଚିତ୍ରରେ ମଧ୍ୟ ନାୟକ ଭୂମିକାରେ ଅଭିନୟ କରି ସୁନାମ ଅର୍ଜନ କରିଛନ୍ତି। ଅଦ୍ୟାବଧି ପ୍ରାୟ ୪୩ଟି ଚଳଚ୍ଚିତ୍ରରେ ସେ ଅଭିନୟ କରିଛନ୍ତି।

ଅଭିନୟ ପାଇଁ ସବ୍ୟସାଚୀ ବହୁ ସମ୍ମାନରେ ସମ୍ମାନିତ। ସେ ଦୁଇଥର ରାଜ୍ୟସ୍ତରୀୟ ଶ୍ରେଷ୍ଠ ନାୟକ ପୁରସ୍କାର ଲାଭ କରିଛନ୍ତି। ତରଙ୍ଗ ସିନେ ଆୱାର୍ଡ଼ ଉତ୍ସବରେ ମଧ୍ୟ ସେ ଦୁଇଥର ଶ୍ରେଷ୍ଠନାୟକ ପୁରସ୍କାର ପ୍ରାପ୍ତ ହୋଇଛନ୍ତି। ରାଜ୍ୟ ସ୍ତରରୁ ଉଚ୍ଚତର ଜାତୀୟ ସ୍ତରର ପୁରସ୍କାର ମଧ୍ୟ ତାଙ୍କୁ ମିଳିଛି। ୨୦୧୩ ମସିହାରେ ଶ୍ରେଷ୍ଠ ନାୟକ ଭାବରେ ସେ ଭାରତର ଇଷ୍ଟର୍ଣ୍ଣ ଜୋନ ଫିଲ୍ମଫେୟାର ଆୱାଡ୍ ପାଇବାର ଗୌରବ ଅର୍ଜନ କରିଛନ୍ତି। ଏହି ପୁରସ୍କାର ସେ କୋଲକାତାଠାରେ ଗ୍ରହଣ କରିଥିଲେ। ପୁନଶ୍ଚ ୨୦୧୪ ମସିହାରେ ସେ 'ସ୍ମାଇଲ୍ ପ୍ଲିଜ୍' ଚଳଚ୍ଚିତ୍ର ନାୟକ ଭାବରେ ଓଡ଼ିଆ ଫିଲ୍ମଫେୟାର ଆୱାଡ୍ ଗ୍ରହଣ କରିଥିଲେ। ୨୦୨୦ ମସିହାରେ ତାଙ୍କୁ ଅନ୍ୟପ୍ରକାର ଏକ ସମ୍ମାନ ମିଳିଥିଲା ଓଡ଼ିଶାର ମହାମାନ୍ୟ ରାଜ୍ୟପାଳ ପ୍ରଫେସର ଗଣେଶିଲାଲଙ୍କ ଜରିଆରେ। ସେ ତାଙ୍କୁ ତିନିବର୍ଷ ପାଇଁ ନିଯୁକ୍ତି ଦେଇଥିଲେ ଭାରତୀୟ ରେଡ଼କ୍ରସ ସୋସାଇଟି, ଓଡ଼ିଶା ଶାଖା ଏକ୍‌ଜିକ୍ୟୁଟିଭ୍ କମିଟିର ସଦସ୍ୟ ଭାବରେ।

୨୦୨୦ ମସିହାରେ କରୋନା ମହାମାରୀ ଆଗମନରେ ଚତୁର୍ଦ୍ଦିଗରେ ସ୍ଥାଣୁତା ଦେଖାଦେଲା। ଚଳଚ୍ଚିତ୍ର କ୍ଷେତ୍ରରେ କାର୍ଯ୍ୟକଳାପ ବନ୍ଦ ହୋଇଗଲା। ସେଥିପାଇଁ ସମ୍ପୃକ୍ତ କଳାକାର ଓ ଅନ୍ୟ ବ୍ୟକ୍ତିମାନେ କର୍ମହୀନ ହୋଇ ବସିରହିଲାବେଳେ ସବ୍ୟସାଚୀଙ୍କର ଏକ ନୂଆ ଅବତାର ଲୋକଙ୍କର ଦୃଷ୍ଟି ଆକର୍ଷଣ କଲା। କଳାକାର ସ୍ଥାନରେ ତାଙ୍କ ମଧ୍ୟରୁ ଆବିର୍ଭାବ ହେଲେ ଜଣେ ମହାନ

ସମାଜସେବୀ । ତାହାର ବିଶଦ ବିବରଣୀ ପୂର୍ବ ପୃଷ୍ଠାମାନଙ୍କରେ ବର୍ଣ୍ଣିତ ହୋଇଛି । ସମାଜସେବାଦ୍ୱାରା ଉପକୃତ ହୋଇଥିବା ବହୁ ଲୋକଙ୍କ ବିଚାରରେ ସବ୍ୟସାଚୀ କେବଳ ଚଳଚ୍ଚିତ୍ର ପରଦାର ନାୟକ ନୁହଁନ୍ତି, ସେ ବାସ୍ତବ ଜୀବନର ମହାନାୟକ ।

୨୦୨୧ ମସିହା ମାର୍ଚ୍ଚ ୧ ତାରିଖରେ ତାଙ୍କର ଶୁଭବିବାହ ସମ୍ପନ୍ନ ହୋଇଥିଲା ଓଡ଼ିଶାର ଖ୍ୟାତନାମା ଚଳଚ୍ଚିତ୍ର ନାୟିକା ଶ୍ରୀମତୀ ଅର୍ଚ୍ଚିତା ସାହୁଙ୍କ ସହିତ । ଏକାଧିକ ଚଳଚ୍ଚିତ୍ରରେ ସେମାନେ ଦୁହେଁ ନାୟକ ନାୟିକା ଭୂମିକାରେ ଅଭିନୟ କରିଛନ୍ତି । ଏହି ଯୋଡ଼ି ଦର୍ଶକଙ୍କର ବେଶ୍ ପସନ୍ଦ । ୨୦୨୩ ମସିହା ଜୁନ୍ ୨୯ ତାରିଖ, ଶ୍ରୀ ଜଗନ୍ନାଥଙ୍କ ସୁନାବେଶ ତିଥିରେ ସେ ଦୁହେଁ ଯାଇ ହିମାଳୟ ବକ୍ଷରେ ଥିବା ସାଲ୍ଟ ଗ୍ରାମସ୍ଥ ଶ୍ରୀଜଗନ୍ନାଥଙ୍କୁ ଆବିଷ୍କାର କରି ଲୋକଲୋଚନକୁ ଆଣିଛନ୍ତି । ଏହି କାର୍ଯ୍ୟପାଇଁ ସେ ନିଜ ଖର୍ଚ୍ଚରେ ଏକ ଭୋଜି ଆୟୋଜନ କରି ସ୍ଥାନୀୟ ଲୋକଙ୍କୁ ଏକତ୍ରିତ କରିଥିଲେ । ଏହାର ବିଶଦ ବିବରଣୀ ପୂର୍ବରୁ ଉଲ୍ଲେଖ କରାଯାଇଛି 'ସବ୍ୟସାଚୀଙ୍କ ଆଧ୍ୟାତ୍ମିକ ଅଭିଯାତ୍ରା' ଶୀର୍ଷକ ବିଷୟରେ । ସାଲ୍ଟ ଗ୍ରାମବାସୀ ସେ ଦୁହିଁଙ୍କୁ ଝିଅ ଜୋଇଁ ରୂପେ ଗ୍ରହଣ କରି ଦୃଢ଼ ମମତା ରଜ୍ଜୁରେ ବାନ୍ଧି ରଖିଛନ୍ତି ସବୁଦିନ ପାଇଁ ।

■

## BLACK EAGLE BOOKS

www.blackeaglebooks.org
info@blackeaglebooks.org

Black Eagle Books, an independent publisher, was founded as a nonprofit organization in April, 2019. It is our mission to connect and engage the Indian diaspora and the world at large with the best of works of world literature published on a collaborative platform, with special emphasis on foregrounding Contemporary Classics and New Writing.

www.ingramcontent.com/pod-product-compliance
Lightning Source LLC
Chambersburg PA
CBHW060621080526
44585CB00013B/933
* 9 7 8 1 6 4 5 6 0 7 1 8 2 *